分析化学实验

首都师范大学《分析化学实验》教材编写组　编著

科学出版社

北　京

内 容 简 介

本书内容涉及分析化学实验中滴定分析、重量分析和光度分析三部分。全书共六章，包括分析化学实验基本知识、酸碱滴定法、配位滴定法、氧化还原滴定法、重量分析法和分光光度法。本书着重强化"量"的概念，在实验项目的编排上注重与生产生活实践相结合，并通过扫描二维码查看彩图的方式帮助学生建立对实验现象的感性认知。

本书可作为高等学校化学(师范)、应用化学及相关专业本科生的教材，也可供希望提升分析化学实验素养的中学化学教师参考阅读。

图书在版编目（CIP）数据

分析化学实验 / 首都师范大学《分析化学实验》教材编写组编著.
—北京：科学出版社，2023.6
ISBN 978-7-03-075797-5

Ⅰ. ①分… Ⅱ. ①首… Ⅲ. ①分析化学–化学实验 Ⅳ. ①O652.1

中国国家版本馆 CIP 数据核字（2023）第 103679 号

责任编辑：丁　里　/　李丽娇　/　责任校对：杨　赛
责任印制：吴兆东　/　封面设计：迷底书装

科 学 出 版 社 出版
北京东黄城根北街 16 号
邮政编码：100717
http://www.sciencep.com

固安县铭成印刷有限公司印刷
科学出版社发行　各地新华书店经销

*

2023 年 6 月第 一 版　开本：720×1000　1/16
2024 年 11 月第二次印刷　印张：8 3/4
字数：170 000
定价：39.00 元
（如有印装质量问题，我社负责调换）

前　言

党的二十大报告对高校的教育事业提出了更高的要求，而科学实验的教育教学正是培养学生"自信自强、守正创新，踔厉奋发、勇毅前行"精神品格的重要途径。化学被誉为承上启下的中心学科，在自然科学中具有独特的地位。分析化学实验是四大化学基础实验课程之一，对培养学生严谨认真的学习态度、勤于反思的创新意识、实事求是的科学精神至关重要。在化学化工类科技人才培养中，应该着重发挥分析化学实验教学的上述特征，致力于培养能够担当中华民族伟大复兴历史使命的社会主义建设者和接班人。

本书的内容编排紧密联系分析化学理论课，以及化学学科的基础理论、社会价值和发展方向。在实验项目的设计上，理论层面涉及酸碱反应、配位反应、氧化还原反应、沉淀溶解平衡和分光光度法；应用层面社会生产生活中有关食品、环境、地质等方面的化学主题。在授课模式方面，在夯实基本知识、基本操作和基本技能的同时，面向"中国学生发展核心素养"的核心要求，加强理论联系实际以及信息化工具的应用，着力培养学生的批判性思维和创新意识。

具体在每一章节的编排中，我们尽量按照由简入繁、从易到难层层递进的次序，引导学生先从基础理论出发理解实验原理，从基本操作出发夯实实验技能，从实验反思中培养高阶思维，进而理解和完成相对复杂的实验流程，旨在提升学生的实验设计能力和实验评价反思能力。

在本书的筹备和编写过程中，我们同步建设了"分析化学实验"在线课程，不仅涵盖了重点实验的原理讲解，还积累了重点装置、重点操作和重点现象的有关图像资料。我们将这些图像资料有选择地补充到教材中，有利于学生结合在线课程预习和复习相关实验项目，在一定程度上打破实验课程学习的时间和空间局限。

参加本次教材编写工作和实验工作的有首都师范大学化学系林雨青(第一章)、李丽萍(第二章和第四章部分内容)、刘月英(第二章部分内容)、相玉红和张璐(第三章)、张欣(第四章部分内容)、叶能胜(第五章)、陈郑博(第六章)。另外，叶能胜负责全稿统筹和修订，方玉对实验内容的修订做了细致的工作，强洪、王玉贤等为实验项目的开设和筹备做了大量的前期积累工作。

本书的出版得到首都师范大学教务处和化学系有关领导的大力支持，以及科学出版社相关同志的帮助，在此一并表示衷心的感谢。

由于编者水平有限，书中难免存在疏漏和不妥之处，恳请读者批评指正。

《分析化学实验》教材编写组
2023 年 1 月

目　录

前言
第一章　分析化学实验基本知识 ··· 1
　第一节　分析化学实验课程简介与要求 ··· 1
　第二节　分析化学实验室安全基本知识 ··· 8
　第三节　实验用水和实验试剂 ·· 11
　第四节　分析化学常用玻璃仪器 ··· 15
　第五节　实验室垃圾分类及处理 ··· 22
第二章　酸碱滴定法 ··· 27
　实验1　滴定操作练习 ·· 27
　实验2　食用白醋中总酸度的测定 ··· 30
　实验3　酸度计指示电位滴定法测定食用醋中的总酸度 ······················ 33
　实验4　复方乙酰水杨酸片剂中乙酰水杨酸含量的测定 ······················ 36
　实验5　有机酸摩尔质量的测定 ·· 40
　实验6　铵盐中氮含量的测定(甲醛法) ·· 43
　实验7　混合碱的分析(双指示剂法) ··· 46
　实验8　混合酸的分析(双指示剂法) ··· 50
第三章　配位滴定法 ··· 53
　实验9　自来水总硬度的测定 ··· 53
　实验10　硬水的软化及阳离子清除率的计算 ···································· 56
　实验11　化工用石灰石中氧化钙和氧化镁含量的测定 ························ 59
　实验12　硫酸盐溶液中硫酸根含量的测定 ······································· 62
　实验13　葡萄糖酸锌口服液中锌含量的测定 ···································· 65
　实验14　明矾中铝含量的测定 ·· 67
　实验15　Bi^{3+}-Pb^{2+}混合溶液的连续滴定 ······························ 70
　实验16　Bi^{3+}-Fe^{3+}混合溶液各组分含量的测定 ····················· 72
第四章　氧化还原滴定法 ··· 75
　第一节　高锰酸钾法 ·· 75
　实验17　高锰酸钾标准溶液的标定及过氧化氢含量的测定 ·················· 76
　实验18　酸性高锰酸钾法测定化学需氧量 ······································· 79
　实验19　高锰酸钾间接滴定法测定补钙制剂中钙含量 ························ 82

第二节　碘量法 ··· 84
　　　实验 20　间接碘量法测定铜合金中铜含量 ···································· 85
　　　实验 21　直接碘量法测定维生素 C 制剂及果蔬中抗坏血酸含量 ········ 89
　　第三节　重铬酸钾法 ··· 92
　　　实验 22　重铬酸钾法测定亚铁盐中铁含量 ···································· 92
　　　实验 23　重铬酸钾法测定铁矿石中铁含量 ···································· 95
　　　实验 24　重铬酸钾法测定水样 COD ·· 99
第五章　重量分析法 ··· 102
　　实验 25　硫酸钡重量法测定钡盐中钡含量 ·· 102
　　实验 26　微波干燥重量法测定可溶性钡盐中钡含量 ···························· 105
　　实验 27　重量法测定水样中硫酸盐含量 ··· 106
　　实验 28　丁二酮肟有机试剂沉淀重量法测定镍含量 ···························· 109
　　实验 29　四苯硼酸钾重量法测定肥料中钾含量 ·································· 111
　　实验 30　8-羟基喹啉重量法测定合金中铝含量 ··································· 113
第六章　分光光度法 ··· 116
　　实验 31　分光光度法检测铁离子的条件实验及配位比的测定 ················ 117
　　实验 32　分光光度法检测铁离子浓度 ··· 119
　　实验 33　紫外-可见分光光度法测定 $KMnO_4$ 浓度 ····························· 121
　　实验 34　紫外-可见分光光度法测定牛血清白蛋白含量 ························ 123
　　实验 35　紫外-可见分光光度法测定维生素 C 片中维生素 C 含量 ··········· 125
　　实验 36　紫外-可见分光光度法测定亚甲基蓝浓度 ······························ 127
　　实验 37　紫外分光光度法测定苯甲酸含量 ·· 128
　　实验 38　紫外-可见分光光度法测定自来水中钾离子含量 ····················· 130
参考文献 ·· 133

第一章　分析化学实验基本知识

第一节　分析化学实验课程简介与要求

分析化学是一门实践性很强的学科。分析化学实验通常单独设课，学生学习该课程后，可以巩固、扩大和加深对分析化学基本理论的学习和理解，熟悉基础的化学分析方法，熟练掌握分析化学实验基本操作技能，具有初步完成常量分析和检测的能力，为学习后续其他化学专业课程和将来从事与化学测量有关的科学研究工作打下良好的基础。

通过分析化学实验课的设计和教学，学生应掌握化学分析的基本知识，如常见化学品的基本性质和鉴定、常见基准物质的使用、滴定分析的基本操作方法及指示剂的选择，查阅分析化学手册和参考资料，能正确熟练地使用分析天平进行精确称量，会使用紫外-可见分光光度计和酸度计等仪器。

在分析化学实验教学过程中，还要注意培养学生崇尚科学的道德情操、积极主动的学习态度、科学合理的思维方法、严谨规范的实验习惯、爱公物守纪律的优良品德和团结协作的优良作风。

1. 分析化学实验课程目的

分析化学实验是化学及相关专业本科生接触的第一门以定量测定为主的基础课程。学生通过具体的实验学习和训练，应达到以下目的：

(1) 巩固、扩大和加深对分析化学基本理论的理解，熟练掌握分析化学实验的基本操作技术，夯实实验基本知识，学习并掌握常见的化学分析方法，针对具体的化学分析问题具有初步设计实验和完成实验的能力。

(2) 结合理论知识理解并掌握实验条件、试剂用量等对分析结果的影响，树立科学的"量"的概念。学会正确、合理地选择分析方法、实验仪器、所用试剂和实验条件进行实验，确保实验方案和实验结果的科学性。

(3) 掌握实验数据的收集、记录和处理方法，能够完整、规范地完成实验报告。

(4) 培养严谨细致的工作作风和实事求是的科学态度。通过实验，不断培养和强化提出问题、分析问题、解决问题的能力，以及应对挑战的创新能力。

(5) 根据所学的分析化学基本理论和掌握的实验基本知识，能够针对简单的化学分析问题设计科学、合理、可行的实验方案，并通过规范的实验操作完成实验方案的实施。

2. 分析化学实验课程要求

实验课开始前，学生应认真阅读和学习"实验室规则"和"天平室使用规则"，了解和遵守实验室的各项制度，包括实验室安全常识、常见玻璃仪器的作用和使用方法、化学药品的保管和使用方法及注意事项、实验室一般事故的处理方法等，进入实验室后应严格按操作规程和教师指导认真进行各项实验操作。

1) 充分预习

是否预习充分关系到实验成败与实验收获。预习不好，实验时只会"照方抓药"，容易顾此失彼，达不到应有的训练和学习目的。因此，每次实验前必须认真预习实验内容，复习有关理论知识，明确实验目的和要求，了解实验步骤和注意事项，按要求撰写预习报告，提前做到心中有数。充分预习也关系到实验室安全，未预习者一律不得进行实验。

2) 仪器使用

(1) 实验前，要逐一清点实验仪器。若发现有破损或缺少，应立即报告教师按规定程序到实验准备室领取补齐。

(2) 实验时要爱护公共财产，按要求谨慎使用仪器和操作实验设备。若有仪器设备损坏，也应按相同的程序登记换取仪器或维修。

(3) 未经教师许可，不得擅自挪用其他仪器。使用精密仪器时，必须严格遵守操作规程，细心谨慎。发现故障应立即停止使用，并及时报告教师。使用后要在登记本上记录使用情况，并经教师检查认可。

(4) 实验洗涤用水要遵循"少量多次"的原则。要注意节约使用试剂、滤纸、纯水及自来水等。取用试剂时要看清标签，以免因误取而造成资源浪费和实验失败。

3) 认真实验

(1) 在教师的指导下正确使用仪器，严格按照实验规范进行操作。

(2) 实验过程中，要认真学习有关分析方法的基本操作技术，细心观察实验现象，用黑色签字笔如实将原始数据记录在实验记录本上，不得随意涂改(如需涂改，应遵守自下而上、数据可查原则)。

(3) 实验中手、脑、眼并用，自始至终都要勤于动脑，善于总结经验教训，注意积累，从而逐步提高分析问题、解决问题的能力。

(4) 实验时要遵守和维护实验室秩序，保持安静，以利于集中精力做好实验。

4) 安全与卫生

(1) 实验时应保持实验室和实验台面整洁，仪器试剂按要求放在固定的位置。

(2) 要按规定量取用试剂，不得将多余试剂倒回原瓶中，以免污染。

(3) 树立环境保护意识，在满足实验准确度要求的情况下，尽量降低化学物质(特别是有毒有害试剂及洗液、洗衣粉等)的消耗。实验产生的废液、废物要进行无害化处理后方可排放，或者放在指定的废物收集器中统一处理。例如，铬酸洗液用完后要按要求回收，严禁倒入水池。凡涉及有毒气体的实验都应在通风橱中进行。纸屑、废弃物品、空试剂瓶等按要求丢弃于实验室对应的分类垃圾箱内，不能丢入水槽，以免堵塞下水道。

(4) 实验全程中都要注意节约水电，并注意用水和用电安全。

5) 实验后的处理

(1) 实验结束后，原始实验记录须经教师检查签字。将所用仪器洗刷干净，并整齐有序地放回实验柜内，清点完毕后清洁个人实验台面，经任课教师检查后方可锁好实验柜门离开实验室。

(2) 学生轮流值日，值日生负责打扫和整理实验室公共空间，结束时检查水电、煤气及门窗是否关好，保持实验室的整洁与安全。实验室内所有仪器、试剂及其他用品，未经允许一律不许带出实验室。

3. 实验准备和实验记录要求

1) 预习报告

每位参加分析化学实验的学生必须准备一个专门的实验记录本，记录本应编写页码和实验日期。所有实验数据都必须用圆珠笔或签字笔记录在实验记录本上。实验记录本主要用来如实、规范和准确地记录实验数据、仪器条件和参数，以及实验教材中未曾提及的实验细节。实验前必须进行预习，写出预习报告，保证对实验原理、使用仪器的基本组成和测定样品的性质有一定的了解。实验预习报告应写在实验记录本上，而不是写在实验报告上。

预习报告应简要体现实验的主要原理和仪器的测量方法，将实验过程和步骤列出提纲，标出有疑问的地方或提出问题；列出实验主要的研究条件，要用样品的种类、来源和溶液的浓度、体积等与实际操作相关的内容；根据不同的实验，设计数据表格，方便实验时进行数据的记录。预习报告不需要重复或大段抄写实验教材中已有的内容，也不需要写出结论。由于所用的样品或仪器装置有时会有变化，实际实验条件和参数经常有所调整，在实验前要根据实际实验条件适当修改预习报告已有的内容，修改时将原来的内容用横线画掉，在旁边空白处标记修改的内容。

2) 实验记录

在分析化学实验中，为了得到准确的实验结果，不仅要准确地测定各种数据，还要正确地记录和计算，科学地表达分析结果，才能写出规范的实验报告。

(1) 实验记录要求真实、完整、规范、清晰。不允许将实验数据记在纸片上、手上等实验记录本以外的其他地方。

(2) 记录的内容包括主要的操作步骤、实验过程中的各种测量数据及有关现象、标准溶液的浓度、各种特殊仪器的名称型号等。记录本要随时在手,及时、准确地记录实验数据和现象,不能事后再补记,以免造成错漏。

(3) 实验记录要客观真实,绝不允许拼凑和伪造数据。如果发现数据记录错误或计算错误,不能直接在数字上进行涂改,而应将该数据用横线划去,并在其上方写上更正后的数字,必要时还应注明数据更改的原因。

(4) 对于较多的数据和平行实验数据,应以表格的方法记录。要规范标出数据的名称和单位,名称应尽量用符号表示,单位的写法采用斜线与名称区分。例如,如果该数据表示物质的量浓度,则用"$c/(mol \cdot L^{-1})$"表示;如果表示温度,则用"$T/℃$"或"T/K"表示。

需要特别强调的是,实验所采用的仪器不同,实验测得数据的有效数字位数不同,代表一定的不确定度和测量误差。实验数据必须按照有效数字的原则记录和保留,以便正确评价测量产生的误差。有效数字是指在分析工作中实际上能测量到的数字,其位数包括全部可以准确测到的数字和最后一位估计数字,有效数字的位数代表分析方法的准确度和测量仪器的精度。例如,用万分之一分析天平称量时,要记录到 0.0001 g。记录试样质量为 1.5380 g,表示前四位数字都是准确读取,最后一位 0 是估计值,有±0.0001 g 的误差,所以该试样的实际质量为 1.5379~1.5381 g。如果随意省掉最后一位 0 不记录,写为 1.538 g,则代表试样的实际质量为 1.537~1.539 g,测量的准确度降低了一个数量级。同理,使用移液管、吸量管(刻度吸管)、滴定管时,溶液体积数据应记录到 0.01 mL,如滴定管的初始读数应记为 0.00 mL,而不是 0 mL。有效数字位数也不能随意增加,导致出现夸大测量仪器精度的情况。例如,用台秤(托盘天平)称量时,数据只能记录至 0.01 g,用量筒或量杯时,读数记录到 0.1 mL。因此,只有真正理解有效数字的概念,才能正确记录实验中测量数据的位数。反之,根据实验记录数据的有效数字位数,能判断出所使用仪器的精度和分析方法的准确度。

实验记录要求文字清晰、整洁,实验完成后要将实验记录交给实验指导教师检查确认。

3) 数据处理

化学分析实验一般可按下列程序进行数据处理,得到分析结果(图 1.1)。

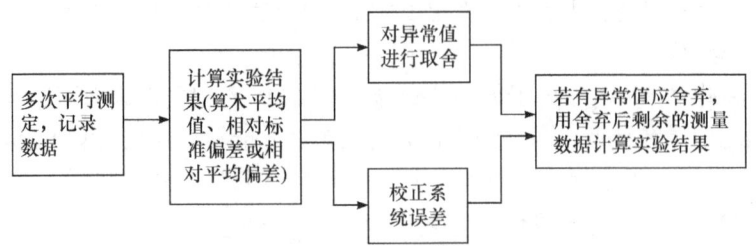

图 1.1 化学分析实验的数据处理程序

(1) 多次平行测定。

表格的行首和列首应标明记录数据的名称和单位。必要时可测定 5~9 次。平行测定的数据最好用表格的形式记录。

根据随机误差的正态分布规律，可采取多次测定取平均值的方法减小测量的随机误差。由于平均值的标准偏差与测定次数的平方根成反比，结合分析时间、人力、成本的考虑，实际定量分析工作中，一般平行测定三四次即可。

(2) 计算实验结果。

化学分析实验首先根据化学反应方程式和测量的原始数据(如滴定液消耗的体积、样品质量等)计算出平行测定 n 次的一组结果(如样品的浓度、含量等)，再计算出算术平均值表示实验结果，相对标准偏差(relative standard deviation，RSD)或相对平均偏差表示测定的精密度，在系统误差很小或校正了系统误差的情况下，精密度越高，实验结果的准确度也越高。

计算结果的有效数字位数要按照有效数字的运算规则进行保留。化学分析计算公式一般包含加减乘除运算，测量的质量和体积一般是 4 位有效数字，因此运算后的分析结果(样品浓度、含量等)一般保留 4 位有效数字，相对标准偏差和相对平均偏差保留 2 位有效数字。

(3) 校正系统误差。

条件允许的情况下，可将测得的结果与标准值(相对真值、约定真值)进行 t 检验，判断是否存在系统误差。若有系统误差，可用校准仪器、空白实验、对照实验、回收实验等方法对系统误差进行校正。通常分析化学实验课的实验项目(设计性实验除外)系统误差的主要来源之一是试剂误差，因此最常用的校正方法是空白实验，计算结果时将测量数据扣除空白值后再代入公式进行计算。

(4) 异常值的取舍。

计算出的一组实验结果中若出现明显偏离平均值的异常值，要根据情况对其进行取舍。若是实验过失造成，则舍弃不用。若原因不明，则应进行统计检验，决定舍弃还是保留。对有限次测量数据，通常采用 Q 检验法或 G 检验法计算出 Q 值 $\left(Q = \dfrac{|x_{异常} - x_{邻近}|}{x_{最大} - x_{最小}}\right)$ 或 G 值 $\left(G = \dfrac{|x_{异常} - \bar{x}|}{s}\right)$，$\bar{x}$ 和 s 分别是包括异常值在内的平均值和标准偏差，再与查表所得的相应测定次数 n 和置信度(通常取 $P = 0.90$)的临界 $Q_{P,m}$ 值或 $G_{P,a}$ 值进行比较。若计算值大于临界值，则异常值应舍弃，分析结果则用舍弃异常值之后的其他测量值重新进行计算。

值得注意的是，当测定数据较少且测定的精密度也不高时，若 Q 值与 $Q_{P,m}$ 值、G 值与 $G_{P,a}$ 值接近，对异常值的取舍会出现难以判断的情况。例如，测定水中砷的含量，3 次结果分别为 1 mg·L^{-1}、2 mg·L^{-1}、9 mg·L^{-1}，其中最后一个数据 9 mg·L^{-1} 为异常值。经计算，$Q = 0.88$，查表得 $Q_{0.90,3} = 0.94$，$Q <$ $Q_{0.90,3}$，"9" 不应舍去，但将其保留取平均值结果也不合理，此时应补测一两次，再进行检验。若上例中再测一次得数据 2 mg·L^{-1}，此时 $Q_{0.90,4} = 0.76$，小于计算 Q 值，可舍弃异常值 9 mg·L^{-1}。如果没有条件再做测定，则宜用中位数(本例中为 2 mg·L^{-1})代替平均值报告实验结果。中位数是将所有结果按从小到大的顺序排列，处于中间的数(测定次数为奇数次)或中间两位数(测定次数为偶数次)的平均值。

仪器分析实验也常用图解法、解析法处理实验数据，得到分析结果。其他有关实验数据的统计学处理，如置信度与置信区间、是否存在显著性差异的检验及对可疑值的取舍判断等可参考分析化学理论教材的有关章节。

(5) 测定值的准确度和精密度。

准确度和误差：准确度是分析结果与真实值(true value)的相符程度，准确度用误差表示。真实值 T 是试样中待测组分客观存在的真实含量，在特定情况下认为是已知的。误差(error)是表示准确度高低的量，表示真实值和测量值接近的程度，即对一物质 B 客观存在量为 T 的分析对象进行分析，得到 n 个测定值，对 n 个测定值进行平均，得到测定结果。

平均值：$\bar{x} = \dfrac{1}{n}\sum_{i=1}^{n} x_i$

单次测定的绝对误差：$E = x_i - T$

测定结果的绝对误差：$E_a = \bar{x} - T$

测定结果的相对误差：$E_r = \dfrac{E_a}{T} \times 100\%$

精密度和偏差：精密度(precision)表示平行测定值相互接近的程度，即测量数据的分散程度。精密度的高低取决于随机误差的大小，通常用偏差表示。

绝对偏差：$d_i = x_i - \bar{x}$

平均偏差：$\bar{d} = \dfrac{1}{n}\sum_{i=1}^{n}|x_i - \bar{x}| = \dfrac{1}{n}\sum_{i=1}^{n}|d_i|$

相对平均偏差：$\bar{d}_r = \dfrac{\bar{d}}{\bar{x}} \times 100\%$

标准偏差：$s = \sqrt{\dfrac{\sum(x_i - \bar{x})^2}{n-1}}$

相对标准偏差(变异系数)：$s_r = \dfrac{s}{\bar{x}} \times 100\%$

平均值的标准偏差：$s_{\bar{x}} = \dfrac{s}{\sqrt{n}}$

极差(全距)：$R = x_{\max} - x_{\min}$

有限次测量：测量值向平均值集中。

无限次测量：测量值向总体平均值(μ)集中。

总体标准偏差：$\sigma = \sqrt{\dfrac{\sum(x_i - \mu)^2}{n}}$，表示无限次测量对总体平均值的离散。

标准偏差(样本)：$s = \sqrt{\dfrac{\sum(x_i - \bar{x})^2}{n-1}}$，表示有限次测量对平均值的离散。

自由度：$f = n - 1$，通常指独立变量的个数。

平均值的标准偏差：$s_{\bar{x}} = \dfrac{s}{\sqrt{n}}$

4. 实验报告

根据实验记录进行认真整理、计算，及时完成并上交实验报告。完整的实验报告一般包括实验编号、名称、实验日期、实验目的、实验原理、实验仪器及其工作条件、实验步骤、实验记录、实验结果(附上计算公式)和讨论等。实验报告应简明扼要，条理清晰，整洁干净，数据表格一目了然。实验报告应该包含以下内容。

1) 实验原理

简要地用文字和化学反应式说明实验原理。例如，对于滴定分析，通常有标定和滴定反应方程式，基准物质和指示剂的选择，标定和滴定的计算公式等。对于特殊实验装置，应画出实验装置图。

2) 实验步骤

应在深入理解实验流程的基础上简明扼要地写出实验步骤的要点，避免照书全抄。

3) 数据记录与结果计算

实验结果是实验报告的核心部分。

(1) 应按照实验过程的先后，将实验记录本上的数据进行整理、汇总和处理。

(2) 所有的原始数据都应该呈现在实验报告中，包括分析天平称量的所有数据。实验内容较多时，应分段叙述，必要时用二级标题标明实验内容。数据应尽量以表格的形式列出，根据数据绘制的图、表应紧随数据之后。

(3) 在定量分析实验中，对测量数据进行计算，绘制标准曲线，给出样品测定的分析结果、平行测量次数和测量的精密度(标准偏差和相对标准偏差)。

(4) 由仪器的操作软件给出的谱图(如色谱图或光谱图等)可以作为附录附在实验报告后，但是在实验结果中必须给予必要的说明。

4) 测定结果

实验测定的结果包括结果和标准值的比较，以及标准偏差、平均值等根据实验数据计算出来的结果。

5) 思考题

思考题是实验报告的重要组成部分，主要是结合理论课学习的相关知识解释和分析实验现象和实验数据、实验产生的误差及来源，讨论实验中存在的问题和解决方法。讨论应该针对具体的实验项目，如果实验内容是测定分析仪器的特性参数，应思考这些特性参数的重要性是什么，表征了仪器的哪些性能，实验数据说明了什么问题；如果实验涉及具体的样品分析测定，根据实验数据分析影响定性定量的实验条件有哪些，为什么样品中的待测物含量可以用这种仪器方法进行测定，如果是其他样品是否可以采用这种方法。在讨论部分应对实验后附的思考题进行解答。

6) 实验小结

实验小结是对本次实验课的总结，包括具体学习收获、实验过程中一些必要的反思、对实验流程某些环节的讨论等。通过实验和数据分析，解决了什么问题，得到了什么结果，对于所运用的分析技术了解和掌握了哪些内容，这些都可以在小结部分进行阐述。

5. 分析化学实验课程考核

分析化学实验课成绩由平时成绩和期末实验考试成绩组成。成绩评定考虑实验方案设计、实验态度、实验基本操作、实验结果(准确度和精密度)和实验报告等因素。学生的实验能力包括基本操作能力、分析问题和解决问题的能力、查阅文献资料的能力及总结表达能力四方面。在教学的不同阶段，不同实验项目训练和考核的侧重点有所不同。

第二节　分析化学实验室安全基本知识

分析化学实验室中大量使用易损坏的玻璃仪器和精密的分析仪器，经常使用腐蚀性、有毒、易燃的化学试剂，有发生爆炸、火灾、中毒、灼伤、割伤、触电等事故的潜在危险。因此，学生一定要高度重视实验安全，严格遵守实验室规则和实验操作规程，学习一定的安全自救和处理事故的知识。如果发生意外事故，要保持镇定，立即报告教师，及时处理。

1. 安全注意事项

(1) 了解实验室环境，充分熟悉水、电、煤气阀门，以及急救箱、消防用品等的放置地点和使用方法。

(2) 实验室内药品严禁任意混合，更不能入口尝试，以免发生意外。注意试剂、溶液的瓶盖、瓶塞不能混用，瓶中试剂一经倒出，严禁随意倒回。

(3) 禁止在实验室内饮食、吸烟。一切化学药品禁止入口。绝对不能用烧杯等仪器当茶杯使用。实验时应穿实验工作服，进行有危险性的工作时要佩戴防护口罩、防护眼镜、防护手套等防护用具，禁止赤膊穿拖鞋进入实验室。实验完毕要洗净双手后，再离开实验室。实验室应保持秩序井然，禁止喧哗打闹。

(4) 当实验中产生 H_2S、CO、SO_2 等有毒、恶臭或有刺激性的气体时，必须在通风橱内进行操作，操作人员头部应在通风橱外面。如发现大量毒气逸散至室内，应立即关闭气体发生器，打开门窗，并迅速停止一切实验，停水、停电，及时上报，按要求行动或撤离现场。

(5) 使用浓酸、浓碱、铬酸洗液时要小心操作，应避免接触皮肤和溅在衣服上，更要注意保护眼睛，按需使用防护眼镜。

(6) 汞盐、砷化物、氯化物等剧毒药品，使用时要特别小心。氰化物与酸作用释放剧毒的氰化氢气体，因此严禁在酸性介质中加入氰化物。氯化物废液严禁倒入下水道，应将其倒入碱性亚铁盐溶液中，转化为亚铁氰化物盐类，再进行废液处理。

(7) 金属汞易挥发，会通过呼吸道进入体内，逐渐积累可引起慢性中毒，所以用汞(包括使用水银温度计)时要特别小心，不得使其洒落在桌上或地上。一旦洒落，先收集大粒汞滴于烧杯中，加水降低其蒸气压，并以重物覆盖表面避免再次流散。残留汞粒迅速加硫粉覆盖，数小时后可扫除。

(8) 有机溶剂(如乙醇、苯、丙酮、乙醚等)易燃，使用时要远离火源。应防止易燃有机物的蒸气外逸，切勿将易燃有机溶剂倒入废液缸，更不能用开口容器(如烧杯)盛放有机溶剂，禁用明火直接加热装有易燃有机溶剂的烧瓶。回流或蒸馏液体时应放沸石，以防止液体过热暴沸而冲出，引起火灾。使用完毕后将试剂瓶塞严，远离火源和热源，置于阴凉处保存。

(9) 加热、浓缩液体的操作要十分小心，不能俯视正在加热的液体，以免溅出的液体灼伤眼睛和脸部。加热试管中的液体时，不能将试管口对着自己或他人。当需要借助嗅觉鉴别少量气体时，绝不能将鼻子直接对准瓶口或试管口嗅闻气体，而应用手将少量气体轻轻地扇向鼻孔进行嗅闻。

(10) 不能用湿手接触电源。使用电炉加热时电源线要放置妥当，不能与电炉侧体接触，以免烧坏电源线外层，引起触电或短路。

(11) 使用易碎玻璃仪器时应轻拿轻放。

(12) 使用高压气体钢瓶时，应远离热源并加以固定。可燃性气体、有毒气体与氧气的钢瓶一定要分开储存。

2. 化学实验室一般事故的处理

(1) 割伤：伤口内若有异物应先取出，涂上红药水或消毒后贴上创可贴。若伤口较脏，可用3%过氧化氢溶液擦洗或用碘酒涂在伤口的四周(注意，一定不要将红药水和碘酒同时使用)，再敷上消炎粉，并加以包扎。必要时送医院救治。

(2) 烫伤和烧伤：轻度烫伤或烧伤可用90%～95%乙醇将棉签润湿并轻涂于伤处，也可用3%～5%高锰酸钾溶液擦拭伤处，然后涂上烫伤膏。还可直接在烫伤处涂上烫伤膏。切勿用水冲洗或将烫起的水泡挑破，以防感染。

(3) 酸(或碱)伤及皮肤：酸或碱洒到皮肤上时，先用大量水冲洗，再用饱和碳酸氢钠(或2%乙酸溶液)冲洗，再用水冲洗，最后涂敷氧化锌软膏(或硼酸软膏)。

(4) 酸(或碱)触及人眼：应立即用大量水冲洗，再用2%硼砂溶液(或3%硼酸溶液)冲洗眼睛，然后用去离子水冲洗。

(5) 溴腐蚀：先用乙醇或10%硫代硫酸钠(大苏打)溶液洗涤伤口，然后用水冲净，并涂敷甘油。

(6) 当吸入刺激性或有毒气体(如溴蒸气、氯气、氯化氢)时，可吸入少量乙醇和乙醚的混合蒸气解毒。当不慎吸入煤气、硫化氢气体时，应立即呼吸新鲜空气。

(7) 遇毒物误入口内时，立即取5～10 mL 1%硫酸铜或硫酸锌溶液(催吐剂)，内服后催吐，然后送医院治疗。

(8) 不慎触电时，应立即切断电源，必要时进行人工呼吸。

3. 化学实验室起火事故的处理

当实验室不慎起火时，一定不要惊慌失措，而应根据不同的着火情况，采取不同的灭火措施。由于物质燃烧需要空气和一定的温度，所以灭火的原则是降温或将燃烧的物质与空气隔绝，必要时报火警。

化学实验室常用的灭火措施有：

(1) 小火用湿布、石棉布覆盖燃烧物即可灭火，大火可用泡沫灭火器灭火。活泼金属Na、K、Mg、Al等引起的着火，应用干燥的细沙覆盖灭火。有机溶剂着火，切勿用水灭火，而应用二氧化碳灭火器、干粉灭火器或沙子等灭火。

(2) 加热时着火，立即停止加热，关闭煤气总阀，切断电源，停止通风，把一切易燃易爆物移至远处。

(3) 电气设备着火，先切断电源，再用四氯化碳灭火器灭火，也可用干粉灭火器或1211灭火器灭火。

(4) 当衣服着火时，应立即脱下衣服，也可用湿布或石棉布覆盖着火处，或在地上卧倒打滚，起到灭火的作用，不可慌张乱跑。

另外，一些有机化合物，如过氧化物、干燥的重氮盐、硝酸酯、多硝基化合物等，因其具有爆炸性，必须严格按照操作规程进行实验，以防爆炸。煤气开关应该经常检查，保持完好，煤气灯和橡胶管使用前也要仔细检查，发现漏气立即熄灭室内所有火源，打开门窗，用肥皂水找出漏气处。若自己无法解决，应立即关闭煤气总阀门，并报告有关单位及时抢修。

常用灭火器种类及其适用范围见表 1.1。

表 1.1 常用灭火器种类及其适用范围

灭火器类型	药液成分	适用范围
酸碱式灭火器	H_2SO_4 和 $NaHCO_3$	适用于扑灭非油类和电器失火的一般初起火灾
泡沫灭火器	$Al_2(SO_4)_3$ 和 $NaHCO_3$	适用于扑灭油类起火
二氧化碳灭火器	固态 CO_2	适用于扑灭电气设备、小范围油类及忌水的化学药品起火
四氯化碳灭火器	液态 CCl_4	适用于扑灭电气设备、小范围的汽油、丙酮等起火。不能用于扑灭活泼金属钾、钠的起火，因为 CCl_4 会强烈分解，甚至爆炸。也不能用于扑灭电石、CS_2 的起火，因为会产生光气等毒气
干粉灭火器	主要成分是 $NaHCO_3$ 等盐类物质与适量的润滑剂和防潮剂	扑灭油类、可燃性气体、电气设备、精密仪器、图书文件和遇水易燃烧物品的初起火灾
1211 灭火器	CF_2ClBr 液化气体	特别适用于扑灭油类、有机溶剂、精密仪器、高压电气设备的起火

此外，大量溢水也是实验室中时有发生的事故，所以应注意水槽的清洁，废纸、玻璃等应按要求扔入废物缸或分类垃圾桶，保持下水道畅通。冷凝管的冷却水不宜开得过大，以免水压高时橡胶管弹开引起事故。

第三节 实验用水和实验试剂

1. 实验用水

实验用水是分析质量控制的一个重要因素，它影响空白值的大小以及分析方法的检出限，尤其在微量分析中对水质的要求更高。实验室中用于溶解、稀释和配制溶液的水都必须先经过纯化。分析实验的要求不同，对于水质纯度的要求也不同，所以应该了解有关实验室用水的知识。

1) 实验室用水级别及主要指标

《分析实验室用水规格和试验方法》(GB/T 6682—2008)中规定了实验室用水规格、等级、制备方法、技术指标及检验方法。分析实验室用水共分三个级别：

一级水、二级水和三级水。

(1) 一级水：用于有严格要求的分析实验，包括对颗粒有要求的实验，如高效液相色谱分析用水。

(2) 二级水：用于无机痕量分析等实验，如原子吸收光谱分析用水。

(3) 三级水：用于一般化学分析实验。

分析实验室用水应符合表 1.2 所列的指标。

表 1.2　实验室用水级别指标

名称	一级	二级	三级
pH 范围(25℃)	—	—	5.0～7.5
电导率(25℃)/(mS·m^{-1})	≤0.01	≤0.10	≤0.50
可氧化物质含量(以 O 计)/(mg·L^{-1})	—	≤0.08	≤0.4
吸光度(254 nm，1 cm 光程)	≤0.001	≤0.01	—
蒸发残渣(105℃±2℃)含量/(mg·L^{-1})	—	≤1.0	≤2.0
可溶性硅(以 SiO$_2$ 计)含量/(mg·L^{-1})	≤0.01	≤0.02	—

2) 分析实验室用水质量检验

标准检验方法：《分析实验室用水规格和试验方法》中详尽规定了分析实验室用水的质量检验方法。按照该标准进行检验，至少应取 3 L 有代表性的水样，且在取样前要用待测水样反复清洗容器，取样时要避免沾污。检验环境要保持洁净，检验中均使用分析纯试剂和相应级别的水。检验时，主要对水质的 pH、电导率、可氧化物质含量、蒸发残渣等指标进行检验。

一般检验方法：标准检验方法虽然严格，但很费时，对于一般分析实验用的纯水只要物理方法检验或化学方法检验合格，即可满足使用需要。

物理方法检验：利用电导仪测定水的电导率是最实用且简便的方法。水的电导率越低，即水的导电能力越弱，表示水中的离子越少，水的纯度越高。

化学方法检验：即通过化学方法检验待测水是否符合实验室三级用水标准。检验项目主要包括 pH、阳离子(Ca^{2+}、Mg^{2+}等)检查、氯离子检查等。

(1) pH：由于空气中的 CO_2 可溶于水，故纯水的 pH 一般在 6.0 左右。其 pH 可用酸度计或化学法测定。简易化学法测定 pH：取两支试管，各加 10 mL 待检测的水，一支试管中滴加 2 滴 0.2%甲基红指示液，不得显红色；另一支试管中滴加 5 滴 0.1%溴百里酚蓝指示液，不得显蓝色。

(2) Ca^{2+}、Mg^{2+}等金属离子：取 25 mL 待检查的水，加 5 mL $NH_3·H_2O$-NH_4Cl 缓冲溶液，加 1 滴 0.2%铬黑 T 指示液，不得显红色。

(3) 氯离子：取 10 mL 待检查的水，用 HNO_3 酸化，加 2 滴 1% $AgNO_3$ 溶液，摇匀后不得有浑浊产生。

此外，根据用水的目的，有时还要做一些专项检验，或用标准方法专做某些项目的检验。

2. 实验试剂

1) 化学试剂的规格

化学试剂产品很多，既可分为无机试剂和有机试剂两大类，又可按用途分为标准试剂、一般试剂、高纯试剂、特效试剂、仪器分析专用试剂、指示剂、生化试剂、临床试剂、电子工业或食品工业专用试剂等。

世界各国对化学试剂的分类和分级及标准不尽相同。我国化学试剂产品有国家标准(GB)、专业(行业)标准(ZB)和企业标准(QB)等。国际标准化组织(International Organization for Standardization，ISO)和国际纯粹与应用化学联合会(International Union of Pure and Applied Chemistry，IUPAC)也都有很多相应的标准和规定。IUPAC 对化学标准物质的分级有 A 级、B 级、C 级、D 级和 E 级。A 级为原子量标准，B 级为与 A 级最接近的基准物质，C 级和 D 级为滴定分析标准试剂，含量分别为 100% ± 0.02%和 100% ± 0.05%，E 级为以 C 级或 D 级试剂为标准进行对比测定所得的纯度相当于这种纯度的试剂。国产标准试剂和一般试剂的级别与用途分别如表 1.3 和表 1.4 所示。

表 1.3 主要国产化学试剂的级别与用途(标准试剂)

标准试剂类别(级别)	主要用途	相当于 IUPAC 的级别
滴定分析第一基准试剂	滴定分析工作基准试剂的定值	C
滴定分析工作基准试剂	滴定分析标准溶液的定值	D
滴定分析标准溶液	滴定分析法测定物质的含量	E
杂质分析标准溶液	仪器分析及化学分析中用作杂质分析的标准	
一级 pH 基准试剂	pH 基准试剂的定值和高精密度 pH 计的校准	C
pH 基准试剂	pH 计的定位(校准)	D
有机元素分析标准试剂	有机物的元素分析	E
热值分析试剂	热值分析仪的标定	
农药分析标准试剂	农药分析	
临床分析标准溶液	临床分析化验	
气相色谱分析标准试剂	气相色谱法进行定性和定量分析的标准	

表 1.4　主要国产化学试剂的级别与用途(一般试剂)

一般试剂级别	中文名称	英文符号	标签颜色	主要用途
一级试剂	优级纯(保证试剂)	GR	深绿色	精密分析实验
二级试剂	分析纯(分析试剂)	AR	红色	一般分析实验
三级试剂	化学纯	CP	蓝色	一般化学实验
四级试剂	实验试剂	LR	棕色	一般化学实验
生物试剂	生化试剂	BR	咖啡色	生物化学实验
	生物染色剂	BS	玫红色	生物化学实验

化学试剂中,指示剂纯度往往不太明确。除少数标明"分析纯""试剂四级"外,经常遇到只写明"化学试剂"、"企业标准"或"生物染色剂"等。常用的有机溶剂、掩蔽剂等也经常遇到级别不明的情况,平常只可作为化学纯试剂使用,必要时需进行提纯。例如,三乙醇胺中铁含量较大,但又常用来掩蔽铁。

在一般分析工作中,通常要求使用分析纯试剂。

常用化学试剂的检验,除经典的湿法化学方法外,已越来越多地使用物理化学方法和物理方法,如原子吸收光谱法、原子发射光谱法、电化学方法、紫外光谱法、红外光谱法、核磁共振分析法和色谱法等。高纯试剂的检验只能选用比较灵敏的痕量分析方法。分析工作者必须对化学试剂标准有明确的认识,做到科学地存放和合理地使用化学试剂,既不超规格造成浪费,又不随意降低规格而影响分析结果的准确度。

2) 试剂的存放

固体试剂装在广口瓶内,液体试剂则盛在细口瓶或滴瓶内,见光易分解的试剂(如硝酸银)应放在棕色瓶内,盛碱液的细口瓶用橡胶塞。每个试剂瓶上都贴有标签,标明试剂的名称、浓度、纯度及配制的日期等。

3. 试剂的取用

1) 液体试剂

取下瓶盖倒放在桌上,右手握住瓶身,使试剂瓶标签朝向手心,以瓶口靠住容器壁,缓缓倾出所需液体,让液体沿着器壁往下流。若所用的容器为烧杯,则倾注液体时可用玻璃棒引流。取完后,及时将瓶盖盖上。

取用滴瓶中的试剂时,要用滴瓶中的专用滴管,不能用其他滴管。滴管必须保持垂直,避免倾斜,尤忌倒立,否则试剂将流入橡胶头内将其沾污。滴管的尖端不可接触容器的内壁,更不能插到其他溶液中,也不能将滴管放在原滴瓶以外的任何地方,以免被杂质沾污。

2) 固体试剂

称取一定量的固体试剂时，可将试剂放在称量纸、表面皿等干燥洁净的玻璃容器或称量瓶内，根据要求在天平(托盘天平或 1/100 g 天平或分析天平)上称量。称量具有腐蚀性或易潮解的试剂时，不能将其放在称量纸上，应放在表面皿等玻璃容器内。

4. 基准物质

基准物质(primary standard)是用于直接配制标准溶液的物质或用以标定滴定分析中的标准溶液的物质，又称标准物质。标准溶液是一种已知准确浓度的溶液，可在滴定分析中作滴定剂，也可在仪器分析中用于制作校正曲线的试样。

按照形态来分，标准物质可以分为标准溶液、标准气体、固体标准物质。标准物质有以下两种级别。

一级标准物质：由国家级计量实验室或经国家计量主管部门考核确认具有相应能力的行业内机构制备，采用基准测量方法或其他准确、可靠的方法对其特性量值进行认定，认定测量的准确度达到国内最高水平并相当于国际水平。一级标准物质主要用来标定比它低一级的标准物质，或者用来检定、校准高准确度的计量仪器，或者用于评价和研究标准方法，或者在要求高准确度的关键场合下应用。

二级标准物质：由地方或行业计量行政主管部门经考核确认具备相应技术能力的机构制备，采用准确、可靠的方法或直接与一级标准物质相比较的方法对其特性量值进行认定，认定测量准确度能满足现场测量准确度的要求。二级标准物质一般是为了满足本机构实验室的工作需要和社会一般检测要求的标准物质，作为工作标准直接使用，用于现场方法的研究和评价，日常实验室内质量保证以及不同实验室之间的质量保证，即用来评定日常分析操作的测量不确定度。

基准物质应该符合以下要求：①组成与化学式严格相符；②纯度足够高；③化学性质稳定；④参与反应时，按反应式定量地进行，不发生副反应；⑤最好有较大的式量，在配制标准溶液时可以称取较多的量，以减小称量误差。常用的基准物质有银、铜、锌、铝、铁等金属及其氧化物，以及重铬酸钾、碳酸钾、氯化钠、邻苯二甲酸氢钾、乙二酸、硼砂等纯化合物。

第四节　分析化学常用玻璃仪器

1. 常见玻璃仪器简介

常见玻璃仪器的规格、用途及注意事项等列于表 1.5 中。

表1.5　常见玻璃仪器的图例及简介

玻璃仪器	规格及表示法	一般用途	使用方法和注意事项	说明
普通试管	有刻度的按容积(mL)分；无刻度的以管口直径(mm)×管长(mm)表示	反应容器，便于操作、观察，用药量少。也可用于少量气体的收集	(1) 反应液体不超过试管容积的1/2，加热时不超过1/3 (2) 加热前试管外面要擦干，加热时应用试管夹夹持 (3) 加热液体时，管口不要对人，并将试管倾斜与桌面成45°，同时不断振荡，火焰上端不能超过试管内液面 (4) 加热固体时，管口略向下倾斜 (5) 硬质试管可以加热至高温，但不宜骤冷，软质试管在温度急剧变化时极易破裂 (6) 一般大试管直接加热，小试管用水浴加热 (7) 加热后的试管应用试管夹夹好置于试管架上	
烧杯	有无刻度和有刻度两种，有刻度的按容积(mL)分	(1) 反应容器，尤其在反应物较多时使用，易混合均匀 (2) 也用作配制溶液时的容器或简易水浴的盛水器	(1) 反应液体不能超过烧杯容积的2/3 (2) 加热时放在石棉网上，使其受热均匀。刚加热后不能直接置于桌面上，应垫以石棉网	(1) 防止搅动时液体溅出或沸腾时液体溢出 (2) 防止玻璃受热不均匀而破裂
锥形瓶	以容积(mL)表示，有有塞、无塞以及广口、细口和微型几种	(1) 反应容器，加热时可避免液体大量蒸发 (2) 振荡方便，用于滴定操作	同上	同上
量筒	以所能量取的最大容积(mL)表示	量取一定体积的液体	(1) 不能作为反应容器，不能加热，不可量取热的液体 (2) 读数时视线应与液面水平，读取与弯月面最低点相切的刻度	(1) 防止量筒破裂。容积不准确 (2) 读数准确

续表

玻璃仪器	规格及表示法	一般用途	使用方法和注意事项	说明
表面皿	以口径(cm)表示	(1) 用来盖在蒸发皿、烧杯等容器上,以免溶液溅出或灰尘落入 (2) 作为称量试剂的容器	(1) 不能用火直接加热 (2) 作盖用时,其直径应比被盖容器略大 (3) 用于称量时应洗净烘干	防止破裂
移液管 吸量管	以所能量取的最大容积(mL)表示,有分度吸管和无分度吸管两类	准确移取一定体积的液体	(1) 将液体吸入,液面超过顶端刻度,再用食指按住管口,轻轻转动放气,使液面降至刻度处。用食指按住管口,移到指定容器上,松开食指,使液体注入 (2) 使用前先用少量被移液淋洗3次 (3) 一般吸管残留的最后一滴液体,不要吹出(除管上标明"吹"的字样) (4) 吸管用后应立即清洗,置于吸管架上,以免沾污 (5) 具有精确刻度的器,不能放在烘箱中烘干,不能加热 (6) 读取刻度的方法同量筒	(1) 确保量取准确 (2) 确保所取液浓度或纯度不变 (3) 已考虑润洗因素(润洗不会带来误差)
容量瓶 500 mL	以容积(mL)表示	配制标准溶液	(1) 先将溶质在烧杯中全部溶解,然后移入容量瓶中 (2) 不能加热。不能用毛刷洗刷。不能代替试剂瓶来存放溶液 (3) 读取刻度的方法同量筒 (4) 不能放在烘箱中烘干 (5) 磨口瓶塞与瓶身配套使用,不能互换	(1) 配制准确 (2) 避免影响容量瓶容积的精确度
抽滤瓶和布氏漏斗	布氏漏斗:瓷制,以容量(mL)表示 抽滤瓶:以容量(mL)表示	两者配套使用,用于晶体或粗颗粒沉淀的减压过滤	(1) 滤纸要略小于漏斗的内径,才能贴紧 (2) 先开抽气管,再过滤。过滤完毕后,先分开抽气管和抽滤瓶,后关抽气管 (3) 不能用火直接加热 (4) 注意漏斗和抽滤瓶的大小是否合适 (5) 注意漏斗大小与过滤的沉淀或晶体量是否合适	(1) 防止滤液由边上漏滤,过滤不完全 (2) 防止抽气管水流倒吸 (3) 防止玻璃破裂

续表

玻璃仪器	规格及表示法	一般用途	使用方法和注意事项	说明
普通漏斗	以直径(cm)表示，有短颈、长颈、粗颈和无颈几种	(1) 过滤 (2) 引导溶液入小口容器中 (3) 粗颈漏斗用于转移固体	(1) 过滤时，漏斗颈尖端必须紧靠承接滤液的容器壁 (2) 用长颈漏斗加液时，漏斗颈应插入液面内	(1) 防止破裂 (2) 防止滤液溅出 (3) 防止气体自漏斗泄出
(a) 滴液漏斗　(b) 恒压漏斗	以容积(mL)、漏斗颈长短表示，有球形、梨形、筒形、锥形几种	(1) 用于液体分离、洗涤和萃取 (2) 气体发生器 (3) 装置中加液用 (4) 滴液漏斗用于反应中添加液体；恒压漏斗可在上口塞紧的情况下滴加液体，用于滴加挥发性强、刺激性大的液体	(1) 不能加热 (2) 使用前，将活塞涂一薄层凡士林，插入转动直至透明。凡士林太少会造成漏液；太多会溢出沾污仪器和试液 (3) 分液时，下层液体从漏斗下管流出，上层液体从上口倒出 (4) 装气体发生器时，漏斗管应插入液面内(漏斗管不够长，可接管) (5) 漏斗间活塞应用细绳系于漏斗颈上，防止滑落 (6) 萃取时，振荡初期应放气数次，以免漏斗内气压过大	(1) 防止玻璃破裂 (2) 旋塞旋转灵活，又不漏水 (3) 防止分离不清 (4) 防止气体自漏斗管喷出
称量瓶	以外径(cm)×高(cm)表示	用于准确称量一定量的固体	(1) 盖子是磨口配套的，不能丢失、弄混 (2) 用前应洗净烘干。不用时应洗干净，在磨口外垫上小纸条 (3) 不能直接用火加热	(1) 避免药品污染 (2) 防止粘连，打不开玻璃盖 (3) 防止玻璃破裂
酸式滴定管　碱式滴定管	以容积(mL)表示 滴定管架：金属质 滴定管夹：木质或金属质	(1) 用于滴定或量取准确体积的液体 (2) 用滴定管夹夹持滴定管，固定在滴定管架上	(1) 用前洗干净，用待装液淋洗3次 (2) 酸管滴定时，用左手开启旋塞，碱管用左手轻捏胶管内玻璃珠，溶液即可放出。碱管要注意赶尽气泡 (3) 酸管旋塞应擦凡士林，碱管下端橡胶管不能用洗液 (4) 酸管、碱管不能对调使用 (5) 酸液放在具有玻璃塞的滴定管中，碱液放在带橡胶管的滴定管中 (6) 滴定管要洗净，溶液流下时管壁不得挂有水珠。活塞下部要充满液体，全管不得有气泡 (7) 滴定管用后应立即洗净 (8) 不能加热及量取热的液体，不能用毛刷洗涤内管壁。夹持滴定管，固定在滴定管架上	(1) 保证溶液浓度不变 (2) 防止将旋塞拉出而喷漏，便于操作。赶出气泡是为了保证体积读数准确 (3) 凡士林使旋塞旋转灵活，而洗液腐蚀橡胶 (4) 酸液腐蚀橡胶，碱液腐蚀玻璃，使旋塞粘住而损坏

续表

玻璃仪器	规格及表示法	一般用途	使用方法和注意事项	说明
滴管	由尖嘴玻璃管和橡胶头构成	吸取少量液体	(1) 溶液不得吸进橡胶头 (2) 用后立即洗净内、外管壁	
干燥器	以内径(cm)表示，分普通和真空干燥两种	(1) 内放干燥剂。用于存放药品，以免其吸收水汽 (2) 定量分析时，将灼烧过的坩埚放在其中冷却	(1) 灼烧过的药品放入干燥器前，温度不能过高，在冷却过程中要每隔一定时间打开盖子，以调节内压力 (2) 干燥器内的干燥剂要及时更换 (3) 小心盖子滑动而被打破	
广口瓶 细口瓶	以容积表示，有广口瓶、细口瓶两种，又分磨口、不磨口，无色、棕色等	(1) 广口瓶盛放固体试剂 (2) 细口瓶盛放液体试剂和溶液	(1) 不能直接加热 (2) 取用试剂时，瓶盖应倒放在桌上，不能弄脏弄混 (3) 有磨口塞的试剂瓶不用时应洗净，并在磨口处垫上纸条 (4) 盛放碱液时用橡胶塞，防止瓶塞被腐蚀粘牢 (5) 棕色瓶盛放见光易分解或不太稳定的物质的溶液或液体	(1) 防止破裂 (2) 防止污染 (3) 防止粘连，不易打开玻璃塞 (4) 防止碱液与玻璃作用，导致塞子打不开 (5) 防止试剂分解或变质
比色管	以最大容积表示，有无塞和有塞两种	在目视比色法中，用于比较溶液颜色的深浅	(1) 一套比色管应由同一种玻璃制成，且大小、高度、形状应相同 (2) 不能用试管刷刷洗，以免划伤内壁 (3) 比色管应放在特制的、下面垫有白色瓷板或配有镜子的木架上	

2. 玻璃仪器的洗涤

在实验前后，都必须将所用玻璃仪器洗干净，有些实验还要求仪器是干燥的。如果用不干净的仪器进行实验，仪器上的杂质和污物将会对实验产生影响，使实验得不到正确的结果，严重时可导致实验失败。实验后要及时清洗仪器，不干净的仪器长期放置后，会使洗涤难度加大。

玻璃仪器清洗干净的标准是用水冲洗后，仪器内壁能均匀地被水润湿而不沾水珠，如果仍有水珠沾在内壁上，说明仪器还未洗净，需要进一步清洗。洗涤仪器的方法很多，一般应根据实验的要求、污物的性质和污染的程度，以及仪器的类型和形状选择合适的洗涤方法。

一般来说，污物主要有灰尘、可溶性物质和不溶性物质、有机物及油污等。洗涤方法可分为以下几种。

1) 一般洗涤

烧杯、试管、量筒、漏斗等玻璃仪器一般先用自来水冲洗除去仪器上的灰尘和易溶物，再选用粗细、大小、长短等不同型号的毛刷，蘸取洗衣粉或肥皂水转动毛刷刷洗仪器的内壁。洗涤试管时要注意避免毛刷底部的铁丝将试管捅破。刷洗后用自来水冲洗干净。洗涤仪器时应该一个一个地洗，不要同时将多个仪器一起洗，以免将仪器碰坏或摔坏。

一般用自来水洗净的仪器往往还残留 Ca^{2+}、Mg^{2+}、Cl^-等离子，如果实验中不允许这些离子存在，就要再用去离子水漂洗几次。用去离子水洗涤仪器的方法应按照"少量多次"原则，为此常使用洗瓶。挤压洗瓶使其喷出一股细去离子水流，均匀地喷射在仪器内壁上并不断转动仪器，再将水倒掉。如此重复3次即可。这样既提高了效率，又可节约去离子水。

2) 铬酸洗液洗涤

对一些形状特殊、容积精确的容量仪器，如滴定管、移液管、容量瓶等，不宜用毛刷沾洗涤剂洗，常用洗液洗涤。

铬酸洗液可按下述方法配制：称取 25 g $K_2Cr_2O_7$ 固体，溶于 50 mL 去离子水中，冷却后向溶液中慢慢加入 450 mL 浓 H_2SO_4(注意安全)，边加边搅拌。注意切勿将 $K_2Cr_2O_7$ 溶液加到浓 H_2SO_4 中，冷却后储存在试剂瓶中备用。

铬酸洗液呈暗红色，具有强酸性、强腐蚀性和强氧化性，对具有还原性的污物(如有机物、油污)的去污能力特别强。装洗液的瓶子应盖好瓶盖，以防吸潮。洗液在洗涤玻璃仪器后应保留，多次使用。当颜色变绿时[$Cr(Ⅵ)$变为$Cr(Ⅲ)$]，洗液就丧失了去污能力，不能继续使用。

用洗液洗涤玻璃仪器的一般步骤如下：仪器先用水洗并尽量将仪器中的残留水倒净，以免浪费和稀释洗液。向仪器中注入少量洗液，使仪器倾斜并慢慢转动，使仪器内壁全部被洗液润湿，再转动仪器，使洗液在内壁流动。经流动几圈后，将洗液倒回原瓶。对沾污严重的仪器可用洗液浸泡一段时间，或用热洗液洗涤，清洁效果更好。倾出洗液后，再用自来水冲洗，最后用去离子水淋洗几次。决不允许将毛刷放入洗液中！使用洗液时应注意安全，不要溅在皮肤、衣物上。

废洗液可通过下述方法再生。先将废洗液在 110～130℃不断搅拌下进行浓缩，除去水分后，冷却至室温，以每升浓缩液加入 10 g $KMnO_4$ 的比例，缓慢加入 $KMnO_4$ 粉末，边加边搅拌，直至溶液呈深褐色或微紫色为止，然后加热至有 CrO_3 出现，停止加热。稍冷后用玻璃砂芯漏斗过滤除去沉淀，滤液冷却后即析出红色 CrO_3 沉淀。在含有 CrO_3 沉淀的溶液中再加入适量浓 H_2SO_4 使其溶解即成洗液，可继续使用。

少量的废洗液可加入废碱液或石灰使其生成 $Cr(OH)_3$ 沉淀，将此废渣埋于地下(指定地点)，以防止铬的污染。

3) 特殊污垢的洗涤

一些玻璃仪器上常有不溶于水的污垢，尤其是原来未清洗而长期放置后的仪器。这时就需要视污垢的性质选用合适的试剂，使其经化学作用而除去。除上述清洗方法外，现在还有方便的超声波清洗器。只要将用过的玻璃仪器放在装有合适洗涤剂的超声波清洗器中，接通电源，利用超声波的能量和振动就可以将仪器清洗干净，省时高效。

3. 玻璃仪器的干燥

玻璃仪器洗涤干净后就可用来进行实验。但有些实验需要在无水条件下进行，这时玻璃仪器通常需要经过干燥后才能使用。常用的干燥方法如下。

1) 晾干

玻璃仪器上的残存水分自然挥发而使仪器干燥。通常是将洗净的仪器倒立放置在适当的干净仪器架上，让其在空气中自然干燥。倒置可以防止灰尘落入，但要注意放稳仪器。

2) 烘干

将洗净的玻璃仪器放在电热恒温干燥箱(简称烘箱)内加热烘干。玻璃仪器干燥时，应先洗净并将水尽量倒干，放置时应注意平放或使仪器口朝上，带塞的瓶子应打开瓶塞，如果能将仪器放在托盘里更好。一般在 105℃加热 15 min 左右，最好等烘箱降至常温后再取出仪器。如果热时就要取出仪器，应注意用干布垫手，防止烫伤。热玻璃仪器不能碰冷水，以防炸裂。热仪器自然冷却时，器壁上常会凝结水珠，可以用吹风机吹冷风助冷。烘干的仪器取出后一般应放在干燥器中保存，以免在空气中又吸收水分。

3) 吹干

利用热或冷的空气流将玻璃仪器吹干，所用仪器是吹风机或玻璃仪器气流烘干器。用吹风机吹干时，一般先用热风吹玻璃仪器的内壁，待干后再吹冷风使其冷却。如果先用易挥发的溶剂(如乙醇、乙醚、丙酮等)淋洗仪器，将淋洗液倒净，然后用吹风机按冷风—热风—冷风的顺序吹，则干得更快。另一种方法是将洗净的仪器直接放在气流烘干器上进行干燥。

4) 烤干

利用加热使水分迅速蒸发而使仪器干燥。此法常用于可加热或耐高温的仪器，如一些常用的烧杯、蒸发皿、试管等。烤干前应先擦干仪器外壁的水珠，然后置于石棉网上用小火烤干。烤干试管时应使试管口向下倾斜，以免水珠倒流炸裂试管。烤干时应先从试管底部开始，慢慢移向管口，不见水珠后再将管口朝上，将水汽赶尽。

需要注意的是，一般带有刻度的计量仪器(如移液管、容量瓶、滴定管等)不能用加热的方法干燥，以免受热变形而影响仪器的精密度。玻璃磨口仪器和带有活塞的仪器(如酸式滴定管、分液漏斗等)洗净后放置时，应在磨口和活塞处垫上小纸片，以防止长期放置后粘连不易打开。

5) 用有机溶剂干燥

在洗净的玻璃仪器内加入少量有机溶剂(如乙醇、丙酮)，转动仪器使容器中的水与其混合，倾出混合液(回收)，放置(或吹风)使仪器干燥(不能放在烘箱内干燥)。

第五节 实验室垃圾分类及处理

实验室的废弃物种类繁多，实验过程中产生的有毒气体和废液直接排放到空气中或下水道，会对环境造成污染，威胁人们的健康；固体废弃物若直接丢弃，可能导致土壤污染等；此外，垃圾也是放错地方的资源。因此，了解实验垃圾的分类及其处理方法极其重要。

1. 分类

实验室的废弃物按形态可以分为废液、废气、固体废物三类。

1) 废液

实验室产生的废液包括化学性实验废液和一般废水。化学性实验废液来源主要有：多余的样品、标准溶液、样品分析残液、失效的储备液和洗液、各种酸碱废液、含氟废液、重金属废液等。实验中以有机试剂作溶剂时，往往需要量大，因此其废液量也很大。一般废水则主要来源于仪器清洗用水、实验室的清扫用水及大量使用的洗涤用水等。

2) 废气

实验室产生的废气主要来源于实验过程中化学试剂的挥发、分解、泄漏等，而且其成分大多是易燃和有毒气体，具体包括挥发性的试剂和样品的挥发物、实验分析过程的中间产物、泄漏或排空的标准气等。

依据废气对人体危害的不同，可以将其分为两类：第一类是刺激性的有毒气体，它们通常对眼睛和呼吸道黏膜有很大的刺激作用，常见的有氨气、二氧化硫、氯气及氟氧化物等；第二类是可以造成人体缺氧性休克的窒息性气体，如硫化氢、一氧化碳、甲烷、乙烯等。

3) 固体废物

实验室产生的固体废物包括残留或失效的固体试剂、多余的固体试剂、沉淀絮凝反应产生的沉淀残渣、消耗和破损的实验用品(如玻璃仪器、常用滤纸、包装材料等)，以及纸张等办公耗材。每个实验室均配备两种垃圾桶，分别盛装实验废弃物和试剂空瓶。实验废弃物垃圾桶用于盛装吸水纸、称量纸、胶头滴管、离心管等塑料制品或纸制品。试剂空瓶垃圾桶用于盛装用完的试剂瓶，如乙醇、N,N-二甲基甲酰胺等一般溶剂瓶，以及固体药物空瓶。注射器针头用单独的容器盛装，且避免接触人体；载玻片及其他玻璃碎碴等也需要用单独的容器盛装。

2. 实验室废弃物的处理

由于实验室废弃物的种类繁多且数量庞大，因此对它们的处理也按不同情况采取不同的措施。普通废弃物的处理原则是改革实验的工艺，使废弃物的排放量降到最低，甚至达到废弃物的排放量为零；对于量少或浓度不大的废弃物，可以经过无害化处理以后排入或倒入专门的废液缸中，由专业公司统一处理；对于量大或浓度较大的废弃物，则进行回收处理，实现废弃物的再生利用；对于特殊的废弃物，则要进行单独收集；不能混合的废弃物或者是混合后会给处理带来麻烦的废弃物，要分类并且及时地采取措施处理；对于废弃的仪器和设备，在处理时要尽可能回收，确实没有回收价值的可以采取最终处理措施。下面具体介绍废液、废气、固体废物等的处理方法。

1) 废液处理

根据不同废液的化学特性，实验室可以将废弃液进行分类再储存到统一规定的密闭容器中，同时标明废液的种类、储存的时间。依据废液的性质及其组成，考虑采用混凝沉淀、酸碱中和或氧化剂氧化等方法进行处理回收；如果实验室本身没有能力处理，则要将废液定期收集起来，并联系具有相应能力和处理资格的单位对其进行统一处理；在设备仪器要求方面，要求实验室用于盛装废液的容器不易破损、老化和变形，并且能防止废液发生渗漏和扩散等。下面具体介绍实验室废液处理的主要方法。

(1) 絮凝沉淀法：此方法主要适用于含有重金属离子较多的无机化学实验室废液。首先初步确定废液的性质，并探究各种离子的沉降特性，然后选择合适的絮凝剂(如石灰、铁盐或铝盐等)，使其在弱碱条件下形成含 $Fe(OH)_3$ 和 $Al(OH)_3$ 成分的胶状沉淀，此胶状沉淀具有一定的吸附作用，既可以去除废液中的重金属离子，还可以一并除去废液中的部分其他污染物，达到降低废液的化学需氧量的目的，进而提高废液的可生化性。

(2) 硫化物沉淀法：此沉淀法主要是针对含有汞、铅、镉等重金属离子较多的实验室废液。具体方法一般是采用 Na_2S 或 NaHS 将废液中的此类重金属离子转化为难溶于水的金属硫化物,随后在 $Fe(OH)_3$ 共同沉淀作用下使其分离。或者先将废液的 pH 调至 8.0~10.0,然后向废液中逐步加入硫化钠至过量,直到生成硫化物沉淀,此时再加入 $FeSO_4$ 作为共同沉淀剂,促使其生成 FeS,将废液中的悬浮硫化汞、硫化镉、硫化铅和微粒吸附进而共沉淀,通过静置达到分离过滤的目的。

(3) 氧化还原中和沉淀法:此方法通常适用于处理含有六价铬[Cr(Ⅵ)]或是具有还原性的有毒物质,如氰根离子。先使废液发生一系列氧化还原反应,使高毒性的污染物转化变成低毒性的污染物质。随后,经过混凝和沉淀将得到的低毒性污染物质从当前的反应体系分离出去。对于含有 Cr(Ⅵ) 的废液,则需要首先将 Cr(Ⅵ)还原为三价铬[Cr(Ⅲ)],再用合适的沉淀剂使其沉淀,达到分离的目的,或者将其与其他种类的重金属废液一并处理。在上述反应中,所用的还原剂通常是铁粉、二氧化硫、亚铁盐等。同时,需要在 pH<3.0 的条件下进行,再通过中和沉淀作用,将铬转化为难溶于水的盐除去。当溶液中含有氰根离子时,则一般需要先在碱性条件下使用氧化剂,将其氧化为氮气和二氧化氮,通常的方法有氯碱法、臭氧氧化法、电解氧化法及铁屑内电解法。

(4) 活性炭吸附法:此方法通常用于去除生物法、物理法、化学法都不能去除的微量且呈溶解状态的一类有机物。实验室的有机废液通常都含有大量的实验残液和废弃溶剂,主要成分是烷烃类、芳香类或表面活性剂,而且废液的量少、呈现酸性,非常适合用活性炭进行吸附处理。处理的工艺流程通常是:首先经过一系列简单的分离将废液中的有机相分离出来,然后经过活性炭的二级吸附,使化学需氧量降低 93%,活性炭还可以一并吸附部分无机重金属离子。

(5) GT-铁氧体法:铁氧体指的是一类复合的金属氧化物,它的化学通式为 M_2FeO_4 或 $MOFe_2O_3$(其中 M 代表其他金属),一般呈现为尖晶石状的立方结晶。铁氧体的形成最佳条件一般是要提供足量的 Fe^{2+} 和 Fe^{3+},其 $Fe^{2+}:Fe^{3+}=1:2$(物质的量比)时最理想的 pH 条件为 8.0~9.0,而铁氧体特有的包裹和夹带作用可以使重金属离子在进入铁氧体的晶格后形成复合的铁氧体。复合的铁氧体一般具有很强的稳定性,在一般的酸碱条件下能一次性脱除废液中的各种金属离子,如对 Cr^{3+}、Fe^{3+}、Pb^{2+}、As^{3+}、Zn^{2+}、Hg^{2+}、Cd^{2+}、Mn^{2+}、Cu^{2+} 等都有不错的脱除效果,使包含在废液中的有害重金属离子都不会浸出。

对于高浓度的有机废液,处理方法则有焚烧法、氧化分解法、水解法、溶剂萃取法及生物化学处理法等。

(i) 焚烧法:有机物一般具有可燃性,因此有机溶剂、有机残液或废液等通常采用焚烧法处理。采用焚烧法处理有机废液指的就是在高温的条件下对有机物进行氧化分解,促使其生成水、二氧化碳等对环境无害的产物,然后将这些产物排入大气中。此时,化学需氧量可降低 99% 及以上。

(ii) 氧化分解法：最常采用的工艺过程是先使废液经过一系列氧化还原反应，将高毒性的污染物质转化为低毒性的污染物质，再通过混凝和沉淀的方法将污染物从当前的反应体系中分离出去。

(iii) 水解法：水解法属于厌氧生物处理方法，其通常适用于对高浓度废液的初步处理，一般是使细菌以污染物质为营养物质进行生长，以消耗水中的污染物，从而使废水得到净化。

(iv) 溶剂萃取法：利用化合物的溶解度或分配系数在两种互不相溶的溶剂中的不同，使化合物从一种溶剂中转移到另一种溶剂中，这样经过反复多次萃取，就可以将很大一部分化合物提取出来。一般来说，有机溶剂的亲水性越大，其与水进行两相萃取的效果越不好，这是因为其能使比较多的亲水性杂质随之而出，对有效成分的进一步精制有很大的影响。

(v) 生物化学处理法：利用微生物的代谢，使废液中呈现溶解或胶体状态的有机污染物质转化为无害的污染物质，从而达到净化的目的。可以分为需氧的生物处理法和厌氧的生物处理法两种。其中，需氧的生物处理法指的是在微生物的作用下分解废液中的有机污染物质，对废液进行无害化处理；厌氧的生物处理方法则是利用厌氧的微生物的生物作用降解废液中的有机污染物质，达到废液净化的目的。

一些有机溶剂如醇类、有机酸、酯类、酮和醚等应尽量回收再利用。对于含水的低浓度废液，则考虑用与其互不相溶的具有挥发性的溶剂进行萃取和分离，然后再焚烧。对于形成了乳浊液酯类的废液就不能再用此方法处理，而要用焚烧法处理。若此类废物的量很少，则可以将其装入铁制或瓷质的容器中，再选择置于室外安全的地方焚烧。对于难以燃烧的污染物质，可以将其与可燃性高的物质混合后再燃烧，但是在此操作过程中要特别注意防止燃烧不完全产生新的毒性物质或燃烧产生的毒气逸出，从而造成对环境的二次污染。燃烧是否完全由燃烧的温度、燃烧时区域的停留时间和物质的混合状况决定。

2) 废气处理

为了控制实验环境中的有害气体不超过现行规定的空气中有害物质的最高容许浓度，实验室必须配备通风、排毒的装置。实验室废气处理主要有以下方法：

(1) 吸收法：采用合适的液体作为吸收剂处理废气，达到除去其中有毒害气体的目的。一般分为物理吸收和化学吸收两种。比较常见的吸收溶液有水、酸性溶液、碱性溶液和氧化剂溶液。它们可以用于净化含有 SO_2、Cl_2、NO_x、H_2S、HF、NH_3、HCl、酸雾、汞蒸气、各种有机蒸气和沥青烟等废气。这些溶液在吸收完废气后，可以用于配制某些定性化学试剂的母液。

(2) 固体吸附法：先将废气与特定的固体吸收剂充分接触，通过固体吸收剂表面的吸附作用，废气中含有的污染物质(或吸收质)被吸附，从而达到分离的目的。此法一般适用于对废气中低浓度污染物质的净化。例如，若要吸收几乎所有常见的有机及无机气体，可以将适量活性炭或新制取的木炭粉放入有残留废气的容器中；若要选择性吸收 H_2S、SO_2 及汞蒸气，就要用硅藻土；若要选择性吸收 NO_x、H_2S、NH_3、CCl_4 等，就要用到分子筛。

(3) 回流法：对于易液化的气体，可以使挥发的废气通过特定的装置，在空气的冷却下液化为液体，再沿着长玻璃管的内壁回流到特定的反应装置中。例如，制取溴苯时，可以在装置上连接一根足够长的玻璃管。

(4) 燃烧法：通过燃烧的方法去除有毒害气体。这是一种有效的处理有机气体的方法，尤其适合处理排放量大而浓度较低的苯类、酮类、醛类、醇类等各种有机废气，以及 CO 尾气等。

(5) 颗粒物的捕集：去除或捕集以固态或液态形式存在于空气中的颗粒污染物，这个过程一般称为除尘。除尘的工艺过程是先将含有微尘的气体引入具有一种或几种不同作用力的除尘器中，使颗粒物相对于运载气流产生一定的位移，从而达到从气流中分离出来的目的，然后颗粒物沉降到捕集器表面被捕集。根据颗粒物的分离原理，除尘装置一般可以分为过滤式除尘器、机械式除尘器、湿式除尘器。此外，实验室在空气的净化方面也应该有所要求，主要表现在通风方面。因为实验室内空气污染物质的浓度一般比室外同种物质的浓度高得多，合理运用实验室通风设备，能极大地降低实验室空气污染物质的浓度。而采用局部通风还是全面通风，以及每次通风量的大小和通风形式，除了要依据实验室污染物发生源大小、污染物种类以及其排量的大小来决定，还可以通过渗漏、强制机械通风、自然通风等调控完成。

3) 固体废物处理

(1) 对固体废物的预处理：先对固体废物进行预处理。固体废物的预处理一般包括筛分、破碎、压缩、粉磨等程序。

(2) 物理法处理：利用固体废物的物理和物理化学性质，用合适的方法从其中分选或分离出有用和有害的固体物质。常用的分选方法有：重力分选、电力分选、磁力分选、弹道分选、光电分选、浮选和摩擦分选等。

(3) 化学法处理：使固体废物发生一系列化学变化，将其转换成能够回收的有用物质或能源。常见的化学处理方法包括煅烧、焙烧、烧结、热分解、溶剂浸出、电力辐射、焚烧等。

(4) 生物法处理：利用微生物的作用处理固体废物。此方法的基本原理是利用微生物本身的生物-化学作用，使复杂的有机物分解为简单的物质，使有毒的物质转化为无毒的物质。常见的生物处理法有沼气发酵和堆肥。

(5) 最终处理：对于没有任何利用价值的有毒有害固体废物，需要进行最终处理。常见的最终处理方法有焚化法、掩埋法、海洋投弃法等。但是，固体废物在掩埋和投弃入海洋之前都需要进行无害化处理，而且需深埋在远离人类聚集的指定地点，并对掩埋地点做好记录。

第二章 酸碱滴定法

实验 1 滴定操作练习

【实验目的】

(1) 掌握滴定管和移液管的正确使用和基本分析操作。
(2) 熟悉酸碱指示剂变色范围及滴定终点变化。

【实验原理】

滴定分析法是化学分析法的一种。将一种已知其准确浓度的试剂溶液(称为标准溶液)滴加到待测物质的溶液中,直到化学反应完全,根据所用试剂溶液的浓度和体积可以求得待测组分的含量。

酸碱滴定中常用盐酸(HCl)、氢氧化钠(NaOH)等溶液作为标准溶液。浓 HCl 易挥发,NaOH 固体易吸收空气中的水分和二氧化碳。因此,酸碱标准溶液不宜直接配制,而是通过间接法配制盐酸和氢氧化钠标准溶液:先配成近似浓度,然后用合适的基准物质标定其浓度。

$0.1\ mol \cdot L^{-1}$ HCl 溶液(强酸)和 $0.1\ mol \cdot L^{-1}$ NaOH 溶液(强碱)相互滴定,到达化学计量点时 pH = 7.0,滴定 pH 突跃范围为 4.3~9.7。选择在突跃范围内变色的指示剂,可保证滴定有足够的准确度。在这一范围可采用甲基橙(变色范围 pH 为 3.1~4.4)、甲基红(变色范围 pH 为 4.4~6.2)、酚酞(变色范围 pH 为 8.0~10.0)等指示剂指示终点。

【仪器与试剂】

1. 仪器

酸式滴定管,碱式滴定管,移液管,量筒,锥形瓶,试剂瓶,烧杯。

2. 试剂

$0.1\ mol \cdot L^{-1}$ NaOH,$0.1\ mol \cdot L^{-1}$ HCl,NaOH 固体,浓 HCl,0.1%甲基橙指示剂(水溶液),0.2%酚酞指示剂(乙醇溶液),凡士林润滑剂。

【实验步骤】

1. 0.1 mol·L⁻¹ HCl 溶液的配制

用干净量筒量取 4.5 mL 浓 HCl，倒入试剂瓶中，加去离子水稀释至 500 mL，盖塞后摇匀，贴上标签，标注时间、日期、溶液名称。注意浓 HCl 易挥发，应在通风橱中操作。

2. 0.1 mol·L⁻¹ NaOH 溶液的配制

称取 2.0 g NaOH 固体，置于 50 mL 烧杯中，立即加入去离子水使其溶解，稍冷却后转入试剂瓶中，加去离子水稀释至 500 mL，用橡胶塞塞好瓶口，充分摇匀，贴上标签，标注时间、日期、溶液名称。

3. 酸碱溶液相互滴定

(1) 用去离子水清洗酸式滴定管(图 2.1)，然后用滴定剂(0.1 mol·L⁻¹ HCl 溶液)润洗滴定管 2～3 次，每次用 5～10 mL 溶液润洗。再将滴定剂倒入滴定管中，将滴定管液面调节至 0.00 刻度。

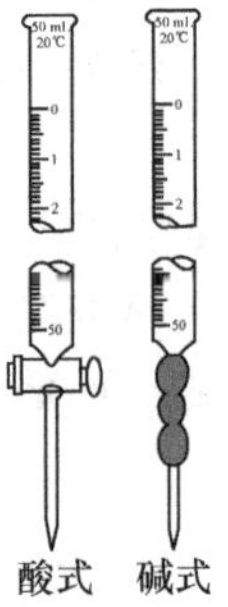

图 2.1 酸式和碱式滴定管

(2) 用碱式滴定管或移液管在 250 mL 锥形瓶中加入 25.00 mL NaOH 溶液和 2 滴甲基橙指示剂，用酸式滴定管中 0.1 mol·L⁻¹ HCl 溶液进行滴定操作练习。溶液由黄色变为橙色即为终点，准确读取滴定管上的读数(图 2.2)，准确至 0.01 mL。练习过程中，可以不断补充 NaOH 和 HCl，反复进行，直至操作熟练后，再进行下面的实验(将相应数据记录在表 2.1 中)。

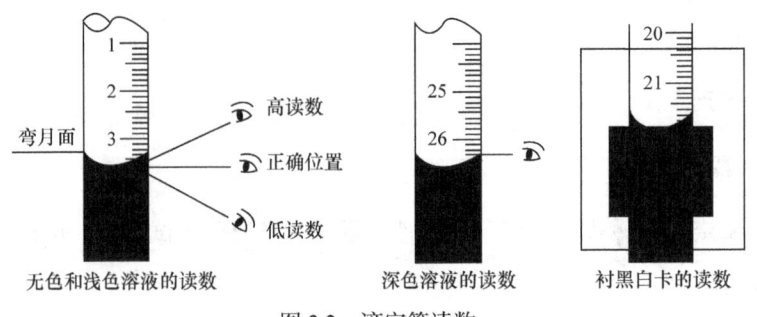

图 2.2 滴定管读数

(3) 用酸式滴定管或移液管加入 25.00 mL HCl 溶液于锥形瓶中，加入 2 滴酚酞指示剂，用 0.1 mol·L⁻¹ NaOH 溶液滴定至无色变浅粉色。保持 30 s 不褪色即为终点,记下读数,平行滴定 3 次,数据列表计算。以上数据要求计算出相对平均偏差(将相应数据记录在表 2.2 中)。

【数据处理】

表 2.1　HCl 溶液滴定 NaOH 溶液(甲基橙指示剂)

编号	1	2	3	平均值
NaOH 溶液体积/mL	25.00	25.00	25.00	25.00
消耗 HCl 溶液体积/mL				
相对偏差/%				
相对平均偏差/%				

表 2.2　NaOH 溶液滴定 HCl 溶液(酚酞指示剂)

编号	1	2	3	平均值
HCl 溶液体积/mL	25.00	25.00	25.00	25.00
消耗 NaOH 溶液体积/mL				
相对偏差/%				
相对平均偏差/%				

计算相对偏差和相对平均偏差。

$$相对偏差 = \frac{绝对偏差}{平均值}$$

$$平均偏差 = \frac{\sum_{i=1}^{n}|绝对偏差|}{n}$$

$$相对平均偏差 = \frac{平均偏差}{平均值} \times 100\%$$

【注意事项】

(1) 浓 HCl 易挥发,应在通风橱中操作。
(2) 溶液在使用前必须充分摇匀,避免内部不匀,导致每次取出溶液浓度不同。
(3) 固体 NaOH 极易吸收空气中的 CO_2 和水分,因此称量时必须迅速,且应在烧杯中进行。
(4) 盛放 NaOH 溶液的试剂瓶避免使用玻璃塞,否则易被腐蚀而粘住。
(5) 指示剂加入量要适当,否则会影响终点观察。

【思考题】

(1) 为什么 HCl 和 NaOH 标准溶液一般都用标定法配制,而不用直接法配制？

(2) 在滴定分析中,滴定管、移液管为什么需要用操作溶液润洗几次？滴定中使用的锥形瓶或烧杯是否也要用操作溶液润洗,为什么？

(3) 溶解样品或稀释样品溶液时,加入水的体积为什么不需要很准确？

(4) 滴定时加入指示剂的量为什么不能太多？试根据指示剂平衡移动原理说明。

实验 2　食用白醋中总酸度的测定

【实验目的】

(1) 掌握碱标准溶液的配制和标定方法,了解基准物质的性质和应用。

(2) 掌握食用白醋总酸度的测定原理及方法。

(3) 掌握指示剂的选择原则。

(4) 了解强碱滴定弱酸滴定过程中 pH 变化、滴定突跃及指示剂的选择。

【实验原理】

分析化学中的酸碱滴定是将已知准确浓度的溶液(称为标准溶液)滴加到待测物质的溶液中,使标准溶液与待测溶液按一定的化学计量关系完全反应,然后根据标准溶液的消耗量和化学计量关系计算待测组分的量。该方法反应迅速,操作简单,非常适用于一般酸碱浓度的测定。

食用白醋的主要成分是乙酸(HAc,含量为 3%～5%),还含有少量的乳酸、琥珀酸、葡萄糖酸等有机弱酸。用 NaOH 作标准溶液滴定食用白醋时,其滴定反应方程式为

$$NaOH + HAc = NaAc + H_2O$$
$$nNaOH + H_nA(有机弱酸) = Na_nA + nH_2O$$

本实验滴定反应类型为强碱滴定弱酸,产物是弱酸强碱盐。食用白醋中乙酸的总酸度为最终测定结果,乙酸的含量用 ρ_{HAc} (g·L^{-1}) 表示。由于滴定突跃范围在碱性范围,故指示剂可选用酚酞、百里酚酞等,本实验选择酚酞作为滴定反应指示剂。

【仪器与试剂】

1. 仪器

电子天平,分析天平,称量瓶,碱式滴定管,试剂瓶,移液管,锥形瓶,容

量瓶，烧杯，量筒，台秤。

2. 试剂

NaOH 固体，邻苯二甲酸氢钾基准物质，0.2%酚酞指示剂(乙醇溶液)，食用白醋。

【实验步骤】

1. 0.1 mol·L^{-1} NaOH 标准溶液的配制和标定

(1) NaOH 标准溶液的配制：用台秤称取 NaOH 固体约 2.0 g，置于烧杯中，加一定体积的去离子水溶解后，转入试剂瓶中，再加去离子水至总体积为 500 mL，塞上橡胶塞，充分摇匀。

(2) NaOH 标准溶液的标定：选用邻苯二甲酸氢钾(KHC$_8$H$_4$O$_4$，简写为 KHP，摩尔质量 204.22 g·mol^{-1})作为基准物质，用差减法准确称取 0.4~0.6 g 邻苯二甲酸氢钾 3 份，分别置于 250 mL 锥形瓶中(图 2.3)。加 20~30 mL 去离子水溶解后，加入 2 滴酚酞指示剂，正确操作碱式滴定管(图 2.4)，用 NaOH 标准溶液滴定至呈微红色，并保持 30 s 不褪色(图 2.5)，即为滴定终点。平行测定 3 次，计算 NaOH 标准溶液的浓度和标定的相对平均偏差(将相应数据记录在表 2.3 中)。

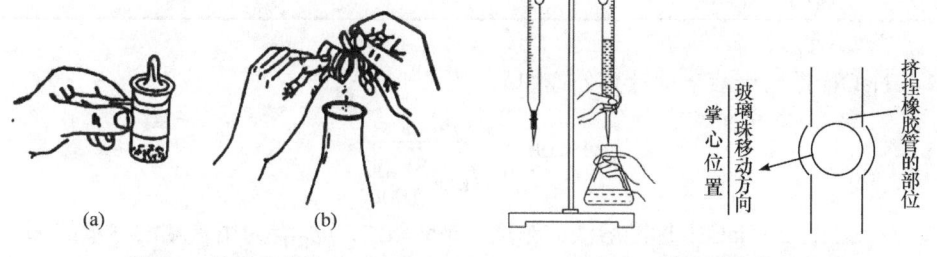

图 2.3 差减法称量　　　　　　图 2.4 碱式滴定管的使用

图 2.5 酚酞指示剂的滴定终点

2. 食用白醋中总酸度的测定

市售食用白醋中乙酸含量一般为 3%～5%，浓度较大，因此滴定时需进行适当稀释。用移液管准确移取食用醋 10.00 mL 于 100 mL 容量瓶中，加去离子水稀释至刻度，摇匀。用移液管移取上述稀释好的食用醋试液 25.00 mL，置于 250 mL 锥形瓶中，加入 2 滴酚酞指示剂，用 NaOH 标准溶液进行滴定，至出现微红色在 30 s 内不褪色，即为滴定终点。平行测定 3 次。根据 NaOH 标准溶液的浓度和滴定时消耗的体积可计算食用醋中总酸度，用 $\rho_{HAc}(g \cdot L^{-1})$ 表示(将相应数据记录在表 2.4 中)。

【数据处理】

表 2.3　NaOH 标准溶液的标定

编号	1	2	3
邻苯二甲酸氢钾质量 m_{KHP}/g			
滴定前体积 V_1/mL			
滴定后体积 V_2/mL			
消耗 NaOH 溶液体积/mL $V_{NaOH} = V_1 - V_2$			
c_{NaOH}/(mol · L^{-1})			
$\bar{c}_{NaOH}$/(mol · L^{-1})			
相对平均偏差/%			

NaOH 标准溶液浓度计算公式如下：

$$c_{NaOH} = \frac{m_{KHP}}{M_{KHP} \dfrac{V_{NaOH}}{1000}}$$

式中：c_{NaOH} 为 NaOH 标准溶液的浓度，mol · L^{-1}；m_{KHP} 为用差减法称量的邻苯二甲酸氢钾的质量，g；V_{NaOH} 为滴定消耗 NaOH 标准溶液的体积，mL；M_{KHP} 为邻苯二甲酸氢钾的摩尔质量，g · mol^{-1}。

表 2.4　食用白醋中总酸度的测定

编号	1	2	3
滴定前体积 V_a/mL			
滴定后体积 V_b/mL			
消耗 NaOH 标准溶液体积/mL $V'_{NaOH} = V_a - V_b$			
ρ_{HAc}/(g · L^{-1})			
$\bar{\rho}_{HAc}$/(g · L^{-1})			
相对平均偏差/%			

食用白醋中总酸度计算公式如下：

$$\rho_{HAc} = \frac{c_{NaOH} V'_{NaOH} M_{HAc}}{25.00} \times 1000 \times \frac{100}{10.00}$$

式中：c_{NaOH} 为 NaOH 标准溶液的浓度，$mol \cdot L^{-1}$；V'_{NaOH} 为滴定消耗 NaOH 标准溶液的体积，mL；M_{HAc} 为乙酸的摩尔质量，$g \cdot mol^{-1}$；ρ_{HAc} 为乙酸含量，$g \cdot L^{-1}$。

【注意事项】

(1) 使用碱式滴定管时，要赶走橡胶管中的气泡，且滴定过程中不能形成气泡，以免产生较大误差。
(2) 指示剂用量不能太多，终点颜色微红色即可，但需等待 30 s 不褪色。
(3) 标定溶液时，三个锥形瓶要编号，以免混淆。
(4) 利用上述公式计算时，注意统一单位。

【思考题】

(1) 本实验误差产生的原因有哪些？
(2) 标定 NaOH 标准溶液浓度的基准物质有哪些？标定时称取的基准物质的质量是否需要准确？
(3) 碱式滴定管用去离子水洗涤干净后，没有先用标准溶液润洗，而是直接加入 NaOH 标准溶液进行滴定操作，对最后结果有什么影响？
(4) 测定食用白醋中的总酸度时，是否可选用甲基橙作为指示剂？

实验 3　酸度计指示电位滴定法测定食用醋中的总酸度

【实验目的】

(1) 掌握电位滴定法的基本操作。
(2) 学习酸度计和电磁搅拌器的使用。
(3) 掌握食用醋中总酸度测定的原理和方法。

【实验原理】

电位滴定法是在滴定过程中，根据指示电极和参比电极的电位差或溶液 pH 的突跃确定终点。在酸碱电位滴定过程中，随着滴定剂的不断加入，待测物质与滴定剂发生反应，溶液 pH 不断变化，在化学计量点附近发生 pH 突跃。因此，测量溶液 pH 的变化，就能确定滴定终点。

食用醋的主要成分是乙酸，乙酸等挥发酸占总酸量的 90% 左右，不挥发酸占

10%左右,主要有乳酸、苹果酸、琥珀酸、葡萄糖酸、柠檬酸等,此外还含有十几种氨基酸和各种糖类、酯类、矿物质和维生素等。采用普通指示剂酸碱滴定法测定其总酸度,一方面由于食用醋成分复杂,干扰严重,易造成滴定终点突跃不明显;另一方面由于食用醋的色泽很深,质地浓稠,终点颜色会被其本色掩盖,往往导致测定误差较高。本实验用酸度计指示电位滴定法测定食用醋中的总酸度,避免了普通滴定法过度依赖人的感官判断滴定终点所带来的误差。

【仪器与试剂】

1. 仪器

pHS-2C 型酸度计,电磁搅拌器,烧杯,试剂瓶,锥形瓶,容量瓶,吸量管,移液管,碱式滴定管,量筒,台秤,电子天平,分析天平,称量瓶。

2. 试剂

NaOH 固体,邻苯二甲酸氢钾基准物质,酚酞指示剂,标准 pH 缓冲溶液 (pH=6.86,9.18),食用醋。

【实验步骤】

1. 0.1 mol·L^{-1} NaOH 标准溶液的配制和标定

参见实验 2(将相应数据记录在表 2.5 中)。

2. 酸度计的安装和校正

(1) 开机预热 30 min;连接复合电极,安排好滴定管和酸度计的位置,如图 2.6 所示。

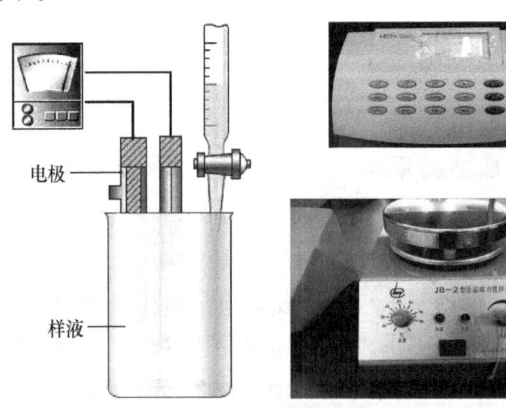

图 2.6 酸度计指示电位滴定法测定食用醋中的总酸度

(2) 用标准 pH 缓冲溶液校准仪器(测定前要开动电磁搅拌器):将磁子放入标

准 pH 缓冲溶液中,将电极插入溶液使玻璃球完全浸没在溶液中。开动电磁搅拌器,注意观察磁子不要碰到电极,用 pH = 6.86 和 pH = 9.18 的标准 pH 缓冲溶液进行两点校正。

3. 样品的测定

(1) 食用醋样品的测定。用吸量管吸取 5.00 mL 样品,置于 150 mL 容量瓶中,加去离子水稀释至刻度,混匀。用移液管吸取上述溶液 25.00 mL,置于 250 mL 烧杯中,加 60 mL 去离子水,开动电磁搅拌器。接通电源,将复合电极浸入试液的适当位置,用 0.1 mol·L^{-1} NaOH 标准溶液滴定试样,随时观察 pH 的变化。接近终点时,应放慢滴定速度,一滴一滴或半滴半滴地加入,当 pH = 8.30 ± 0.10 时,即达终点。平行测定 3 次,记录消耗 NaOH 标准溶液的体积(将相应数据记录在表 2.6 中)。

(2) 空白实验。用水代替试液,按上述步骤(1)操作,平行测定 3 次,计算消耗 NaOH 标准溶液的平均体积 V_0。

【数据处理】

表 2.5　NaOH 标准溶液的标定

编号	1	2	3
邻苯二甲酸氢钾质量 m_{KHP}/g			
滴定前体积 V_1/mL			
滴定后体积 V_2/mL			
消耗 NaOH 标准溶液体积/mL $V_{NaOH} = V_1 - V_2$			
c_{NaOH} /(mol·L^{-1})			
$\bar{c}_{NaOH}$ /(mol·L^{-1})			
相对平均偏差/%			

NaOH 标准溶液浓度计算公式如下:

$$c_{NaOH} = \frac{m_{KHP}}{M_{KHP} \dfrac{V_{NaOH}}{1000}}$$

式中: c_{NaOH} 为 NaOH 标准溶液的浓度,mol·L^{-1}; m_{KHP} 为用差减法称量的邻苯二甲酸氢钾的质量,g; V_{NaOH} 为滴定消耗 NaOH 标准溶液的体积,mL; M_{KHP} 为邻苯二甲酸氢钾的摩尔质量,g·mol^{-1}。

表 2.6 食用醋中总酸度的测定

编号	1	2	3
滴定前体积 V_1/mL			
滴定后体积 V_2/mL			
消耗 NaOH 标准溶液体积/mL $V_{NaOH} = V_1 - V_2$			
滴定试样消耗 NaOH 标准溶液体积/mL $V_3 = V_{NaOH} - V_0$			
$\bar{V}_3$/mL			
相对平均偏差/%			

注：V_0 为空白实验消耗 NaOH 标准溶液的平均体积，mL。

$$c_{总酸度} = \frac{c_{NaOH} \times \bar{V}_3 \times M_{HAc}}{\dfrac{5.00}{150} \times 25.00}$$

式中：$c_{总酸度}$ 为食用醋中的总酸度，以乙酸的质量浓度表示，$g \cdot 100\ mL^{-1}$；c_{NaOH} 为 NaOH 标准溶液的浓度，$mol \cdot L^{-1}$；$\bar{V}_3$ 为滴定消耗 NaOH 标准溶液的平均体积，mL；M_{HAc} 为乙酸的摩尔质量，$g \cdot mol^{-1}$。

【注意事项】

(1) 电极插入待测溶液前，要用去离子水冲洗干净，用吸水纸吸干水分，再放入溶液中。

(2) 测量应在搅拌的情况下进行。

(3) 食用醋中 HAc 的浓度较大，颜色较深，必须稀释后才能测定。

【思考题】

(1) 与酸碱滴定法相比，电位滴定分析法有哪些优缺点？

(2) 为什么实验中所用的水需为不含二氧化碳的水？

实验 4 复方乙酰水杨酸片剂中乙酰水杨酸含量的测定

【实验目的】

(1) 学习并巩固酸碱滴定法的实验操作。

(2) 学习并掌握返滴定法的原理与实验操作。

(3) 掌握滴定分析法在药物制剂分析中的应用原理。

【实验原理】

阿司匹林(aspirin)是一种常见的解热镇痛药,多用于缓解疼痛、发热,以及治疗风湿等病症,近年来发现其对血小板聚集有抑制作用,也可用于防治血栓。阿司匹林的主要成分为乙酰水杨酸,化学名称为邻乙酰氧基苯甲酸,分子式为 $C_9H_8O_4$。它是有机弱酸,$K_a = 3.27 \times 10^{-4}$,摩尔质量为 180.16 g·mol^{-1},微溶于水,易溶于乙醇。干燥条件下稳定,遇潮水解。可用一元强碱 NaOH 溶液直接滴定,等电点为弱碱性,可用酚酞作指示剂。乙酰水杨酸在 NaOH 或 Na_2CO_3 等强碱性溶液中溶解并分解为水杨酸和乙酸盐:

[反应方程式:乙酰水杨酸 + 2NaOH → 水杨酸钠 + CH$_3$COONa + H$_2$O]

为防止乙酰基水解,应在 10℃ 以下的中性冷乙醇介质中进行滴定。

药片中一般都添加一定量的赋形剂如硬脂酸镁、淀粉等不溶物(不溶于乙醇),以及储存过程中乙酰水杨酸的水解都会对片剂有效成分含量产生影响,不宜用直接滴定法进行检测。因此,其含量的测定经常采用返滴定(误差:事先中和除去游离酸,乙酰水杨酸片剂中由于含有少量稳定剂酒石酸和枸橼酸,制剂工艺过程中有可能水解产生水杨酸和乙酸)。将药片研磨成粉状后加入过量的 NaOH 标准溶液,加热一段时间使乙酰基水解完全。再用 HCl 标准溶液返滴定过量的 NaOH(碱受热时易吸收 CO_2,酸返滴定时会影响测定结果,故需要在同样条件下进行空白校正),滴定至溶液由红色变为接近无色(或刚好褪至无色)即为终点,此时 pH 为 7~8。在这一滴定反应中,总的反应结果是 1 mol 乙酰水杨酸消耗 2 mol NaOH(酚羟基 pK_a 约为 10,NaOH 溶液中和为钠盐,加酸,pH<10 时,酚羟基又游离出来)。

【仪器与试剂】

1. 仪器

电炉,表面皿,研钵,碱式滴定管,酸式滴定管,移液管,烧杯,容量瓶,锥形瓶,电子天平,分析天平,称量瓶。

2. 试剂

0.1 mol·L^{-1} NaOH 溶液,0.1 mol·L^{-1} HCl 溶液,0.2%酚酞指示剂(乙醇溶液),

甲基橙指示剂，邻苯二甲酸氢钾基准物质，硼砂($Na_2B_4O_7 \cdot 10H_2O$)基准物质，复方乙酰水杨酸药片。

【实验步骤】

1. 0.1 mol·L^{-1} HCl 标准溶液的标定

用差减法准确称取三份硼砂基准物质(0.4～0.6 g)置于 250 mL 锥形瓶中，加 20～30 mL 去离子水溶解。加入 1～2 滴甲基橙指示剂，用 HCl 标准溶液滴定至硼砂溶液由黄色变为橙色，即为终点。平行滴定 3 次，根据消耗 HCl 标准溶液的体积，计算 HCl 标准溶液的浓度，控制各次相对偏差在±0.2%以内(将相应数据记录在表 2.7 中)。

2. 0.1 mol·L^{-1} NaOH 标准溶液的标定

参见实验 2。

3. 药片中乙酰水杨酸含量的测定

领取适量药片，在研钵中将药片充分研细并混匀，转入称量瓶中。准确称取 0.55～0.65 g 药粉置于干燥的 100 mL 烧杯中，用移液管准确加入 25.00 mL 0.1 mol·L^{-1} NaOH 标准溶液，盖上表面皿后轻摇混匀，将其置于 80～85℃的恒温水浴中加热 15 min，迅速用流水冷却烧杯(防止水杨酸挥发和热溶液吸收空气中的 CO_2，防止沉淀、糊精等进一步水解)。将烧杯中的溶液定量转移至 100 mL 容量瓶中，用去离子水稀释至刻度，摇匀。准确移取上述试液 10.00 mL 于 250 mL 锥形瓶中，加入 20～30 mL 去离子水，加入 2～3 滴酚酞指示剂，用 0.1 mol·L^{-1} HCl 标准溶液滴定至红色刚刚消失，即达到滴定终点。平行测定 3 次，根据消耗 HCl 标准溶液的体积，计算药片中乙酰水杨酸的含量(质量分数)(将相应数据记录在表 2.8 中)。

4. NaOH 标准溶液与 HCl 标准溶液体积比的测定空白实验

用移液管准确移取 25.00 mL 0.1 mol·L^{-1} NaOH 标准溶液于 100 mL 烧杯中，在与测定药片相同的实验条件下加热，冷却后定量转移至 100 mL 容量瓶中，用去离子水稀释至刻度，摇匀。准确移取上述试液 10.00 mL 于 250 mL 锥形瓶中，加 20～30 mL 去离子水和 2～3 滴酚酞指示剂，用 HCl 标准溶液滴至红色刚好消失即为滴定终点。平行测定 3 次，计算消耗 HCl 标准溶液的平均体积 V_0。

【数据处理】

表 2.7　HCl 标准溶液的标定

编号	1	2	3
$m_{Na_2B_4O_7·10H_2O}$ /g			
滴定前体积 V_1/mL			
滴定后体积 V_2/mL			
消耗 HCl 标准溶液体积/mL $V_{HCl}=V_1-V_2$			
c_{HCl} /(mol·L^{-1})			
$\bar{c}_{HCl}$ /(mol·L^{-1})			
相对平均偏差/%			

HCl 标准溶液浓度计算公式如下：

$$c_{HCl} = \frac{m_{Na_2B_4O_7·10H_2O}}{M_{Na_2B_4O_7·10H_2O} \times \dfrac{V_{HCl}}{1000}}$$

式中：c_{HCl} 为 HCl 标准溶液的浓度，mol·L^{-1}；$m_{Na_2B_4O_7·10H_2O}$ 为用差减法称量的硼砂的质量，g；V_{HCl} 为滴定消耗 HCl 标准溶液的体积，mL；$M_{Na_2B_4O_7·10H_2O}$ 为硼砂的摩尔质量，g·mol^{-1}。

表 2.8　乙酰水杨酸含量的测定

编号	1	2	3
$m_{待测药粉}$ /g			
V_{HCl} /mL			
$w_{乙酰水杨酸}$ /%			
$\bar{w}_{乙酰水杨酸}$ /%			

计算药片中乙酰水杨酸的含量：

$$w_{乙酰水杨酸} = \frac{c_{NaOH}V_0 - c_{HCl}V_{HCl} \times \dfrac{100}{10}}{2m} \times M \times 100\%$$

式中：c_{HCl} 为 HCl 标准溶液的浓度，mol·L^{-1}；V_{HCl} 为滴定消耗 HCl 标准溶液的

体积，mL；c_{NaOH} 为 NaOH 标准溶液的浓度，$mol \cdot L^{-1}$；V_0 为空白实验滴定消耗 HCl 标准溶液的体积，mL；m 为待测药粉的质量，g；M 为乙酰水杨酸的摩尔质量，$g \cdot mol^{-1}$。

【注意事项】

(1) 实验内容较多，首先处理样品，加碱水解阿司匹林，然后标定 HCl 标准溶液并测定体积比。

(2) 水解后阿司匹林溶液不必过滤，带着沉淀移入容量瓶中。注意移取上清液测定。

【思考题】

(1) 在测定药片实验时，为什么加入 1 mol 乙酰水杨酸消耗 2 mol NaOH，而不是 3 mol NaOH？返滴定后的溶液中，水解产物的存在形式是什么？

(2) 用返滴定法测定乙酰水杨酸，为什么必须做空白实验？

(3) 如何计算药片中乙酰水杨酸的含量？

(4) 测定产品中的乙酰水杨酸，能否采用直接滴定法？

实验 5 有机酸摩尔质量的测定

【实验目的】

(1) 进一步熟悉差减法称量的操作。
(2) 学会有机酸摩尔质量的测定方法。
(3) 掌握 NaOH 标准溶液的配制和标定方法。

【实验原理】

有机酸是指一些具有酸性的有机化合物。最常见的有机酸是羧酸，其酸性源于羧基（—COOH）。磺酸（RSO_3H）、亚磺酸（RSOOH）、硫羧酸（RCOSH）等也属于有机酸。这类化工产品纯度即主体含量的测定，很多都采用酸碱滴定法。本实验要求准确测定一种有机酸的摩尔质量，并与理论值进行比较。

大多数常见的有机酸为弱酸，并且为固体，如乙二酸、酒石酸、柠檬酸等。若待测物质能溶于水，且在浓度达到 $0.1 \, mol \cdot L^{-1}$ 左右时 $cK_a \geqslant 10^{-8}$（$K_a \geqslant 10^{-7}$），则可将试样溶于水后用 NaOH 标准溶液进行滴定(若样品有机酸为多元酸，则需要判别各级酸是否可以准确滴定，以确定计量关系)。该滴定突跃在弱碱性范围内，常选用酚酞作指示剂，滴定至终点溶液呈浅粉红色。根据 NaOH 标准溶液的浓度、滴定消耗的体积和被滴定有机酸的质量，可以求出该有机酸的摩尔质量。反应式如下：

$$n\text{NaOH} + \text{H}_n\text{A} = \text{Na}_n\text{A} + n\text{H}_2\text{O}$$

本实验采用邻苯二甲酸氢钾作为基准物质标定 NaOH 标准溶液的浓度。邻苯二甲酸氢钾稳定、不吸湿,有较大的摩尔质量,且容易获得高纯度试剂。

【仪器与试剂】

1. 仪器

容量瓶,碱式滴定管,移液管,锥形瓶,烧杯,试剂瓶,称量瓶,电子天平,分析天平。

2. 试剂

NaOH 固体(用于配制 0.1 mol·L^{-1} NaOH 标准溶液),邻苯二甲酸氢钾基准物质,0.2%酚酞指示剂(乙醇溶液),有机酸(乙二酸、酒石酸、柠檬酸)试样。

【实验步骤】

1. 0.1 mol·L^{-1} NaOH 标准溶液的配制和标定

参见实验 2(将相应数据记录在表 2.9 中)。

2. 有机酸摩尔质量的测定

准确称取 0.4~0.8 g 有机酸试样于小烧杯中,加去离子水溶解后转移到 100 mL 容量瓶中,加去离子水稀释至刻度,摇匀。用 25 mL 移液管平行移取 3 份试样,分别加入三个 250 mL 锥形瓶中,各加 2 滴酚酞指示剂,用标定的 NaOH 标准溶液滴至溶液刚好由无色变为粉红色,且 30 s 内不褪色,即为终点。记录消耗 NaOH 标准溶液的体积(将相应数据记录在表 2.10 中)。

【数据处理】

表 2.9 NaOH 标准溶液的标定

编号	1	2	3
m_{KHP} / g			
V_{NaOH} / mL			
c_{NaOH} / (mol·L^{-1})			
$\bar{c}_{\text{NaOH}}$ / (mol·L^{-1})			
相对偏差/%			
相对平均偏差/%			

计算 NaOH 标准溶液的浓度。

$$c_{\text{NaOH}} = \frac{m_{\text{KHP}} \times 1000}{M_{\text{KHP}} V_{\text{NaOH}}}$$

表 2.10　有机酸摩尔质量的测定

编号	1	2	3
$m_{有机酸}$/g			
$V_{试液}$/mL			
V_{NaOH}/mL			
$M_{有机酸}$/(g·mol^{-1})			
$\bar{M}_{有机酸}$/(g·mol^{-1})			
相对偏差/%			
相对平均偏差/%			

列出计算有机酸摩尔质量的完整公式，代入消耗 NaOH 标准溶液的体积及有关数据，计算有机酸试样的摩尔质量(g·mol^{-1})。

$$n\text{NaOH} + \text{H}_n\text{A (有机酸)} = \text{Na}_n\text{A} + n\text{H}_2\text{O}$$

$$M_{有机酸} = \frac{1000 \times n \times m_{有机酸}}{4 \times c_{\text{NaOH}} \times V_{\text{NaOH}}}$$

【注意事项】

(1) 浓 NaOH 溶液有腐蚀性，操作时应注意安全。若不慎接触皮肤，立即用大量清水或3% 硼酸溶液冲洗。

(2) NaOH 溶液易吸收 CO_2，因此在操作过程中应尽量减少 NaOH 溶液与空气的接触。NaOH 饱和溶液和 NaOH 标准溶液在存放和使用过程中，常在试剂瓶上安装虹吸管和钠石灰管，以防止其吸收空气中的 CO_2。

(3) NaOH 试剂吸收 CO_2 会生成 Na_2CO_3。若 NaOH 标准溶液中含有少量 Na_2CO_3，对观察终点颜色变化和滴定结果都会有一定的影响。若要得到不含 Na_2CO_3 杂质的 NaOH 溶液，通常的做法是将 NaOH 先配制成饱和溶液(质量分数为52%)。在 NaOH 饱和溶液中，Na_2CO_3 几乎不溶解，会慢慢沉淀出来。待 Na_2CO_3 沉淀后，经过离心或放置一段时间，取一定量的上清液，稀释至所需浓度使用。此外，用来稀释 NaOH 溶液的去离子水也应加热煮沸并冷却后使用，以除去其中溶解的 CO_2。

【思考题】

(1) 标定碱液的基准物质还有哪些？各有什么优缺点？

(2) 用 NaOH 标准溶液滴定有机酸时，能否用甲基橙作指示剂？为什么？

(3) 为什么有机酸试样需要称取 0.4~0.8 g？

(4) 移液管、滴定管使用前需要用被取溶液润洗 3 次，目的是什么？盛放待滴定样品的锥形瓶在使用之前是否也要这样处理？如果不这样处理，是否需要干燥？

(5) 如果 NaOH 溶液在保存的过程中吸收了 CO_2，用此 NaOH 标准溶液测定有机酸试样的摩尔质量，对结果有什么影响？若用此 NaOH 标准溶液测定 HCl 溶液的浓度，分别以甲基橙和酚酞作指示剂，对结果有什么影响？

实验 6　铵盐中氮含量的测定(甲醛法)

【实验目的】

(1) 掌握甲醛法测定铵盐中氮含量的原理和方法。

(2) 学会甲醛溶液的处理使用方法。

(3) 进一步熟练掌握酸碱滴定的实验操作和注意事项。

【实验原理】

化学肥料在农作物的种植中起着非常重要的作用，其中所含的氮、磷、钾等元素是植物生长所必需的元素。与有机肥相比，化学肥料肥劲强、见效快，适当使用化肥可以帮助农作物增产，提高收益。

常用的含氮化肥主要是各类铵盐，包括$(NH_4)_2SO_4$、NH_4Cl、NH_4NO_3、NH_4HCO_3 等。其中，$(NH_4)_2SO_4$、NH_4Cl、NH_4NO_3 是强酸弱碱盐，由于 NH_4^+ 的酸性太弱($K_a = 5.6 \times 10^{-10}$)，因此不能直接用 NaOH 标准溶液滴定。

甲醛(HCHO)又称蚁醛，是一类致癌物。纯甲醛有强还原作用，特别是在碱溶液中。甲醛自身能缓慢进行缩合反应，特别容易发生聚合反应。

甲醛常以白色聚合状态存在，称为多聚甲醛，多聚甲醛不影响测定。

本实验使用甲醛试剂与铵盐作用，间接测定铵盐中的氮含量。反应式如下：

$$4NH_4^+ + 6HCHO = (CH_2)_6N_4H^+ + 3H^+ + 6H_2O$$

反应生成的 H^+ 和质子化的六亚甲基四胺离子($K_a = 7.1 \times 10^{-6}$)可用 NaOH 标准溶液直接滴定。反应式如下：

$$(CH_2)_6N_4H^+ + 3H^+ + 4OH^- = (CH_2)_6N_4 + 4H_2O$$

由反应式可知，4 mol NH_4^+ 与足量醛反应，生成 1 mol $(CH_2)_6N_4H^+$ 和 3 mol H^+，用 NaOH 标准溶液滴定，理论消耗 4 mol NaOH，相当于 1 mol NH_4^+ 消耗 1 mol NaOH。化学计量点时产物为 $(CH_2)_6N_4$，其水溶液呈微碱性，pH 约为 9，故可采用酚酞作为指示剂。

【仪器与试剂】

1. 仪器

称量瓶，容量瓶，移液管，锥形瓶，碱式滴定管，烧杯，分析天平，电子天平。

2. 试剂

0.1 mol·L^{-1} NaOH 标准溶液，邻苯二甲酸氢钾基准物质，$(NH_4)_2SO_4$ 试样，40%甲醛溶液，0.2%酚酞指示剂(乙醇溶液)。

【实验步骤】

1. 0.1 mol·L^{-1} NaOH 标准溶液的标定

参见实验 2(将相应数据记录在表 2.11 中)。

2. 甲醛溶液的处理

甲醛在空气中易被氧化，在存放过程中可能生成微量酸，应在实验前除去。取原装 40%甲醛溶液于烧杯中稀释一倍，加入 1～2 滴酚酞指示剂，用 0.1 mol·L^{-1} NaOH 标准溶液中和至甲醛溶液呈微红色。

3. 试样中氮含量的测定

准确称取一定质量(0.55～0.65 g)的 $(NH_4)_2SO_4$ 试样于烧杯中，用约 20 mL 去离子水溶解，然后定量转移到 100 mL 容量瓶中，用去离子水稀释至刻度，摇匀。用移液管移取试液 25.00 mL 于锥形瓶中，加入 10 mL 处理好的甲醛溶液和 1～2 滴酚酞指示剂，充分摇匀，放置 5 min，用 NaOH 标准溶液滴定至溶液呈微红色且 30 s 不褪色，即为终点。平行测定 3 次，记录数据，要求相对平均偏差不大于 0.5%(将相应数据记录在表 2.12 中)。

注意：如果甲醛溶液未经中和处理，需要在滴定时扣除空白。

【数据处理】

表 2.11　NaOH 标准溶液的标定

编号	1	2	3
m_{KHP} / g			
V_{NaOH} / mL			
c_{NaOH} / (mol·L^{-1})			
$\bar{c}_{\text{NaOH}}$ / (mol·L^{-1})			
相对偏差/%			
相对平均偏差/%			

计算 NaOH 溶液的浓度。

$$c_{\text{NaOH}} = \frac{m_{\text{KHP}} \times 1000}{M_{\text{KHP}} V_{\text{NaOH}}}$$

表 2.12　铵盐中氮含量的测定

编号	1	2	3
$m_{(\text{NH}_4)_2\text{SO}_4}$ / g			
$V_{\text{试液}}$ / mL			
V_{NaOH} / mL			
w_{N} / %			
相对偏差/%			
相对平均偏差/%			

列出计算硫酸铵试样中氮含量的完整公式，代入消耗 NaOH 标准溶液的体积及有关数据，计算硫酸铵中的氮含量。

$$w_{\text{N}} = \frac{c_{\text{NaOH}} V_{\text{NaOH}} M_{\text{N}}}{m_{\text{试样}} \times \frac{25}{100}} \times 10^{-3} \times 100\%$$

【注意事项】

(1) 市售甲醛中常因氧化含有微量甲酸，使用前必须先用 NaOH 溶液中和，或者进行空白实验扣除。

(2) 溶解后的铵盐试液有时需要预处理，目的是除去试样中可能存在的游离酸。加入 1~2 滴甲基红指示剂，溶液呈红色说明有游离酸，用 NaOH 标准溶液滴定至溶液变为金黄色。

(3) NH_4^+ 与甲醛的反应在室温下进行较慢，加入甲醛后应充分摇匀并静置 5 min 以上。

【思考题】

(1) 本法测定铵盐中的氮含量为什么不能使用 NaOH 标准溶液直接滴定？

(2) 为什么中和甲醛试剂中的甲酸以酚酞作指示剂，而中和铵盐试样中的游离酸则用甲基红作指示剂？

(3) NH_4HCO_3 中的氮含量能否用甲醛法测定？为什么？

实验 7 混合碱的分析(双指示剂法)

【实验目的】

(1) 了解用双指示剂法测定混合碱中各组分含量的原理。
(2) 学会混合碱的总碱度测定方法及计算。
(3) 了解混合指示剂的使用及其优点。

【实验原理】

混合碱溶解性能好，主要用于各种工业废水、污水的排放治理，如印染、电镀、化工、造纸等行业废水。广泛用于去除磷酸盐和大多数重金属离子，降低生化需氧量，杀灭细菌和病毒，以及水中除氨氮等。

其中一种较简单的混合碱——砱灰混合碱，是指碳酸钠、碳酸氢钠和氢氧化钠三种碱混合形成的混合碱，其混合的形式通常为① Na_2CO_3 + NaOH；② Na_2CO_3 + $NaHCO_3$。

测定混合碱的成分通常采用双指示剂法，在同一份试样中采用两种不同的指示剂进行测定。常用的两种指示剂为酚酞和甲基橙。

1) Na_2CO_3 + NaOH

若混合碱是 Na_2CO_3 与 NaOH 的混合物，在混合碱试样中先加入酚酞，此时溶液呈红色，用 HCl 标准溶液滴定至溶液刚好褪色，这是第一化学计量点。酚酞的 pH 变色范围为 8.0~9.6。此时，试液中 NaOH 完全被中和，Na_2CO_3 则被滴定到 $NaHCO_3$（只中和了一半）。设消耗 HCl 标准溶液体积为 V_1(mL)，再加入甲基橙指示剂,继续用 HCl 标准溶液滴定至溶液由黄色变为橙色,这是第二化学计量点。此时,溶液中 $NaHCO_3$ 被滴定成 CO_2 和 H_2O,又消耗 HCl 标准溶液体积为 V_2 (mL)。

2) $Na_2CO_3 + NaHCO_3$

若混合碱是 Na_2CO_3 与 $NaHCO_3$ 的混合物,用上述同样方法测定。第一化学计量点时,Na_2CO_3 滴定为 $NaHCO_3$,消耗 HCl 标准溶液体积为 V_1 (mL)。第二化学计量点时,$NaHCO_3$ 全部滴定成 CO_2 和 H_2O,消耗 HCl 标准溶液体积为 V_2 (mL)。

滴定反应过程如表 2.13 所示。

表 2.13 混合碱滴定反应过程

操作	反应过程	
酚酞	Na_2CO_3、NaOH	Na_2CO_3、$NaHCO_3$
HCl 标准溶液 (V_1)	$NaOH + HCl = NaCl + H_2O$ $Na_2CO_3 + HCl = NaCl + NaHCO_3$	$Na_2CO_3 + HCl = NaCl + NaHCO_3$
甲基橙	$NaHCO_3$(酚酞褪色)	$NaHCO_3$(酚酞褪色)
HCl 标准溶液 (V_2)	$NaHCO_3 + HCl = NaCl + H_2CO_3$ $H_2CO_3 = H_2O + CO_2\uparrow$	$NaHCO_3 + HCl = NaCl + H_2CO_3$ $H_2CO_3 = H_2O + CO_2\uparrow$
对比	$V_1 > V_2 > 0$ 时,为 Na_2CO_3 与 NaOH $\rho_{NaOH} = \dfrac{(V_1 - V_2)c_{HCl}M_{NaOH}}{V_{试}}$ $\rho_{Na_2CO_3} = \dfrac{V_2 c_{HCl} M_{Na_2CO_3}}{V_{试}}$	$V_2 > V_1 > 0$ 时,为 Na_2CO_3 与 $NaHCO_3$ $\rho_{Na_2CO_3} = \dfrac{V_1 c_{HCl} M_{Na_2CO_3}}{V_{试}}$ $\rho_{NaHCO_3} = \dfrac{(V_2 - V_1) c_{HCl} M_{NaHCO_3}}{V_{试}}$

【仪器与试剂】

1. 仪器

酸式滴定管,移液管,锥形瓶,洗耳球,分析天平。

2. 试剂

$0.1\,mol\cdot L^{-1}$ HCl 标准溶液,无水碳酸钠基准物质,0.2%酚酞指示剂,0.2%甲基橙指示剂,混合碱试样。

【实验步骤】

1. $0.1\,mol\cdot L^{-1}$ HCl 标准溶液的配制与标定

(1) 配制:根据 $0.1\,mol\cdot L^{-1}$ HCl 溶液需要量及浓盐酸的浓度计算所需浓盐酸

的体积，用去离子水稀释，选择适当玻璃仪器进行配制。

(2) 标定：用差减法准确称取 0.11~0.15 g 已烘干的无水碳酸钠基准物质至锥形瓶中，加入 25 mL 去离子水溶解，加入 1 滴甲基橙指示剂，用待标定的 HCl 标准溶液滴定至溶液由黄色刚好变为橙色，即为终点。平行测定 3 次，记录消耗 HCl 标准溶液的体积，要求 3 次测定结果相对平均偏差 ≤ ±0.2%，否则需重新标定(将相应数据记录在表 2.14 中)。

2. 混合碱的分析

准确移取 25.00 mL 混合碱试样于锥形瓶中，加入 2~3 滴酚酞指示剂，用 0.1 mol·L^{-1} HCl 标准溶液滴定，边滴加边充分摇动(以免局部 Na_2CO_3 直接滴定为 CO_2 和 H_2O)，滴定至酚酞恰好褪色，记录消耗 HCl 标准溶液的体积 V_1。再加入 1~2 滴甲基橙指示剂，继续用 0.1 mol·L^{-1} HCl 标准溶液滴定至溶液由黄色变为橙色，即为终点。记录第二次消耗 HCl 标准溶液的体积 V_2。根据消耗 HCl 标准溶液的体积和浓度，判断试样的组成，并计算各组分含量。平行测定 3 次，要求相对平均偏差 ≤ 0.3%(将相应数据记录在表 2.15 中)。

【数据处理】

根据 V_1 和 V_2 判断混合碱组成。

表 2.14　HCl 标准溶液的标定

编号	1	2	3
$m_{Na_2CO_3}$ / g			
V_{HCl} / mL			
c_{HCl} / (mol·L^{-1})			
$\bar{c}_{HCl}$ / (mol·L^{-1})			
相对偏差/%			
相对平均偏差/%			

计算 HCl 标准溶液的浓度。

$$c_{HCl} = \frac{m_{Na_2CO_3} \times 1000 \times 2}{M_{Na_2CO_3} V_{HCl}}$$

表 2.15 混合碱的成分分析

编号	1	2	3
$V_{试样}$ / mL			
V_1 / mL			
V_2 / mL			
ρ_a / (g·L^{-1})			
相对偏差/%			
相对平均偏差/%			
ρ_b / (g·L^{-1})			
相对偏差/%			
相对平均偏差/%			

列出计算混合碱试样中各组分含量的完整公式,将 V_1 和 V_2 代入公式,计算混合碱中各组分含量。

若混合碱组成为 Na_2CO_3 与 NaOH:

$$\rho_{NaOH} = \frac{(V_1 - V_2)c_{HCl}M_{NaOH}}{V_{试样}}$$

$$\rho_{Na_2CO_3} = \frac{V_2 c_{HCl} M_{Na_2CO_3}}{V_{试样}}$$

若混合碱组成为 Na_2CO_3 与 $NaHCO_3$:

$$\rho_{Na_2CO_3} = \frac{V_1 c_{HCl} M_{Na_2CO_3}}{V_{试样}}$$

$$\rho_{NaHCO_3} = \frac{(V_2 - V_1)c_{HCl}M_{NaHCO_3}}{V_{试样}}$$

【注意事项】

(1) 在到达第一化学计量点前,滴定速度不宜过快,并且应充分摇动,否则会造成 HCl 局部过浓,使 Na_2CO_3 直接滴定成 CO_2 和 H_2O,引起较大误差。

(2) 第一滴定终点用酚酞作指示剂,由于突跃不大,因此终点时指示剂变色不敏锐,不易观察。采用甲酚红-百里酚蓝混合指示剂效果较好。

(3) 滴定到接近第二终点时,容易形成 CO_2 过饱和溶液,滴定过程中生成的

H_2CO_3 缓慢分解出 CO_2，使溶液酸度稍增大，终点出现过早，因此在滴定过程中应充分摇动溶液。

【思考题】

(1) 用双指示剂法测定混合碱组成的方法原理是什么？

(2) 用 HCl 滴定混合碱时，将试液在空气中放置一段时间后滴定，会给测定带来什么影响？

(3) 以酚酞为指示剂测定混合碱组分时，在终点前，由于操作失误，溶液中 HCl 局部过浓，使部分碳酸氢钠过早地转化为碳酸，对 V_1 的测定结果有什么影响？为避免 HCl 局部过浓，滴定时应如何操作？

(4) 采用双指示剂法测定混合碱时，判断下列情况下混合碱的组成：
① $V_1=0$，$V_2>0$；② $V_1>0$，$V_2=0$；③ $V_1>V_2>0$；④ $V_2>V_1>0$；⑤ $V_1=V_2>0$。

实验 8　混合酸的分析(双指示剂法)

【实验目的】

(1) 进一步掌握用双指示剂法进行酸碱滴定的原理。
(2) 初步具备混合酸测定的实验设计能力和自主操作能力。

【实验原理】

与混合碱的测定原理类似，本实验采用硫酸/磷酸体系，以 NaOH 为标准溶液、甲基橙和酚酞为指示剂进行滴定。当甲基橙变色时，硫酸完全被中和，而磷酸被中和至 NaH_2PO_4。当酚酞变色时，磷酸被中和至 Na_2HPO_4。具体反应过程如表 2.16 所示。

表 2.16　混合酸滴定反应过程

操作	反应过程
甲基橙	H_3PO_4、H_2SO_4
氢氧化钠标准溶液 (V_1)	$H_2SO_4 + 2NaOH = Na_2SO_4 + 2H_2O$ $H_3PO_4 + NaOH = NaH_2PO_4 + H_2O$
酚酞	Na_2SO_4、NaH_2PO_4
氢氧化钠标准溶液 (V_2)	$NaH_2PO_4 + NaOH = Na_2HPO_4 + H_2O$

【仪器与试剂】

1. 仪器

称量瓶，碱式滴定管，移液管，锥形瓶，洗耳球，分析天平，电子天平。

2. 试剂

$0.1\,mol\cdot L^{-1}$ NaOH 标准溶液，邻苯二甲酸氢钾基准物质，0.2%酚酞指示剂，0.2%甲基橙指示剂，浓度适中的混合酸试样。

【实验步骤】

1. $0.1\,mol\cdot L^{-1}$ NaOH 标准溶液的标定

参见实验 2(将相应数据记录在表 2.17 中)。

2. 混合酸试样的测定

准确移取 25.00 mL 混合酸试样于锥形瓶中，加入 2~3 滴甲基橙指示剂，用 $0.1\,mol\cdot L^{-1}$ NaOH 标准溶液滴定，边滴加边充分摇动，滴定至溶液刚好变色，记录第一次消耗 NaOH 标准溶液的体积 V_1。再加入 1~2 滴酚酞指示剂，继续用 $0.1\,mol\cdot L^{-1}$ NaOH 标准溶液滴定至溶液由橙色变为黄色再变为橙色(黄色与粉红色的混合色)，即为终点。记录第二次消耗 NaOH 标准溶液的体积 V_2。根据消耗 NaOH 标准溶液的体积和浓度判断试样的组成，并计算各组分含量。平行测定 3 次，要求相对平均偏差 ≤ 0.3%(将相应数据记录在表 2.18 中)。

【数据处理】

表 2.17 NaOH 标准溶液的标定

编号	1	2	3
m_{KHP} / g			
V_{NaOH} / mL			
c_{NaOH} / $(mol\cdot L^{-1})$			
$\bar{c}_{NaOH}$ / $(mol\cdot L^{-1})$			
相对偏差/%			
相对平均偏差/%			

计算 NaOH 标准溶液的浓度。

$$c_{\text{NaOH}} = \frac{m_{\text{KHP}} \times 1000}{M_{\text{KHP}} V_{\text{NaOH}}}$$

表 2.18 混合酸的成分分析

编号	1	2	3
$V_{试样}$ / mL			
V_1 / mL			
V_2 / mL			
c_a / (mol·L^{-1})			
相对偏差/%			
相对平均偏差/%			
c_b / (mol·L^{-1})			
相对偏差/%			
相对平均偏差/%			

列出计算混合酸中各组分含量的完整公式，将 V_1 和 V_2 代入公式，计算各组分含量。

$$c_{\text{H}_2\text{SO}_4} = \frac{(V_1 - V_2) c_{\text{NaOH}}}{2 V_{试样}}$$

$$c_{\text{H}_3\text{PO}_4} = \frac{V_2 c_{\text{NaOH}}}{V_{试样}}$$

【注意事项】

(1) 本实验中，随着溶液 pH 的变化，甲基橙-酚酞双指示剂体系呈现红色—橙色—黄色—橙色的颜色变化，应谨慎控制滴定速度，分辨反应所处的阶段，以准确控制滴定终点。

(2) 若混合酸试样浓度范围未知，可先进行小试实验，推测合适的取样量进行滴定。

【思考题】

(1) 本实验中指示剂的选择是否还有其他可以优化的方案？
(2) 如果是盐酸和磷酸的混合溶液，试给出实验方案和注意事项。

第三章 配位滴定法

实验 9 自来水总硬度的测定

【实验目的】

(1)了解水硬度的含义及测定水硬度的意义。

(2)掌握使用配位滴定法测定水硬度的方法。

【实验原理】

水是一种在常温常压下无色无味的透明液体,是生命生存的重要资源,也是生物体的重要组成部分。人们在生活中经常使用的自来水是自来水处理厂将江河湖泊等地表水及地下水经过净化、消毒等处理后输送到千家万户的。作为生活用水的重要来源,国家对自来水的质量有严格的控制标准。《生活饮用水卫生标准》(GB 5749—2022)对生活饮用水的微生物指标、毒理指标、感官性状和一般化学指标、放射性指标等都作了明确规定。其中,在感官性状和一般化学指标中,规定生活饮用水的总硬度不能超过 450 mg·L^{-1}。

水的硬度是指溶解在水中的盐类物质的含量,由于水中的盐类物质主要是钙盐和镁盐,铁、铝、锰、锶、锌等金属离子的浓度都很低,因此水的硬度主要由钙盐和镁盐的含量决定。钙离子和镁离子都可以与乙二胺四乙酸(EDTA)形成 1∶1 的配位化合物,因此可以通过配位滴定法测定钙、镁离子的总量,再换算成每升水中碳酸钙的质量表示自来水的硬度。

使用 pH = 10 的缓冲溶液,以铬黑 T 为指示剂,用三乙醇胺作掩蔽剂,掩蔽 Zn^{2+}、Pb^{2+}、Cu^{2+}、Al^{3+}、Fe^{3+} 等共存离子。然后用 EDTA 滴定至溶液由酒红色(铬黑 T 与金属离子形成的配合物)变为蓝色(铬黑 T 指示剂),测定水中的钙、镁总量,得到水的总硬度,采用 $CaCO_3(mg·L^{-1})$ 表示。如果待测水样中的 Mg^{2+} 浓度很低,则需要通过加入 Mg^{2+} 提高滴定终点颜色变化的灵敏度,方法是在滴定前向待测水样中加入少量的 Mg^{2+}-EDTA 溶液。

【仪器与试剂】

1. 仪器

分析天平,电子天平,试剂瓶,烧杯,酸式滴定管,锥形瓶,容量瓶,移液管,表面皿,滴管,烘箱,干燥器。

2. 试剂

乙二胺四乙酸二钠盐($Na_2H_2Y \cdot 2H_2O$,摩尔质量 372.24 g·mol^{-1}),$CaCO_3$ 基准物质,6 mol·L^{-1} HCl 溶液,NH_4Cl,市售氨水,0.05 mol·L^{-1} Mg^{2+} 溶液,0.05 mol·L^{-1} EDTA 溶液,铬黑 T 固体,200 g·L^{-1} 三乙醇胺溶液,无水乙醇。

【实验步骤】

1. NH_3-NH_4Cl 缓冲溶液的配制

用电子天平称取 10 g NH_4Cl,用去离子水溶解后,加入 50 mL 市售氨水,再用去离子水稀释至 500 mL,此时 pH 约为 10。

2. 铬黑 T 指示剂的配制

用电子天平称取 0.25 g 铬黑 T,溶于 15 mL 三乙醇胺与 45 mL 无水乙醇的混合溶液中,低温保存,100 天内有效。

3. Mg^{2+}-EDTA 溶液的配制

在 NH_3-NH_4Cl 缓冲溶液中,以铬黑 T 为指示剂,用 0.05 mol·L^{-1} EDTA 溶液滴定 0.05 mol·L^{-1} Mg^{2+} 溶液。按照滴定所得的比例将上述 EDTA 溶液与 Mg^{2+} 溶液混合,使溶液中 Mg^{2+} 与 EDTA 的物质的量比为 1:1。

4. Ca^{2+} 标准溶液的配制

将 $CaCO_3$ 基准物质置于烘箱中 110℃干燥 2 h,稍冷后置于干燥器中冷却至室温。用差减法准确称取 0.15 g 左右(0.14~0.16 g)$CaCO_3$ 于 100 mL 烧杯中。加少量水润湿 $CaCO_3$,盖上表面皿,然后从烧杯嘴处向烧杯中滴加约 5 mL 6 mol·L^{-1} HCl 溶液(图 3.1),使 $CaCO_3$ 全部溶解。

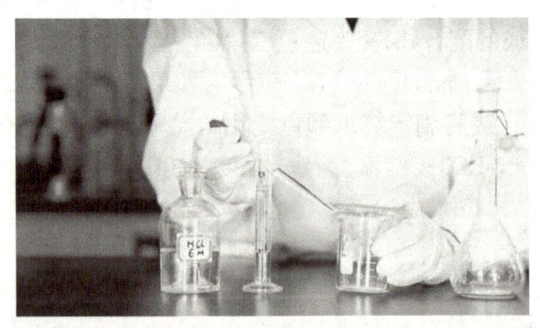

图 3.1 从烧杯嘴处滴加 5 mL HCl 溶液

再加 50 mL 去离子水，放置冷却，然后用去离子水冲洗烧杯内壁和表面皿。将 CaCO₃ 溶液定量转移到 150 mL 容量瓶中(图 3.2)，用去离子水稀释至刻度并摇匀，计算 Ca^{2+} 标准溶液的浓度。

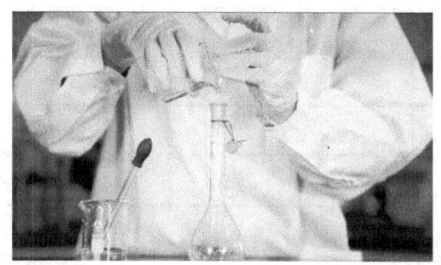

图 3.2 定量转移的重点操作

5. EDTA 标准溶液的配制和标定

用电子天平称取 1.0～1.2 g 乙二胺四乙酸二钠盐于烧杯中，加去离子水溶解后转移到试剂瓶中，再加去离子水稀释至 300 mL，摇匀。

准确移取 25.00 mL Ca^{2+} 标准溶液于 250 mL 锥形瓶中，加 20 mL 水和 5 mL Mg^{2+}-EDTA 溶液，然后加入 15 mL NH_3-NH_4Cl 缓冲溶液，再加 3 滴铬黑 T 指示剂，立即用 EDTA 标准溶液滴定，当溶液由酒红色转变为蓝色时即为终点(图 3.3)。平行滴定 3 次，在表 3.1 中记录消耗 EDTA 标准溶液的体积，计算 EDTA 标准溶液的浓度，取平均值并计算相对平均偏差。

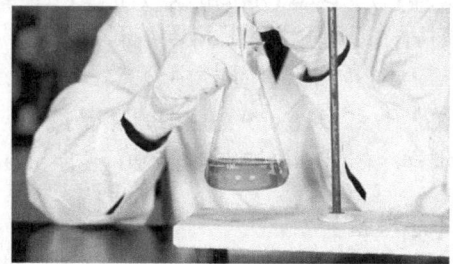

图 3.3 加入铬黑 T 指示剂显色(左)与滴定终点颜色(右)(EDTA 滴定 Ca^{2+} 标准溶液)

6. 自来水总硬度的测定

准确移取 100.00 mL 自来水于 250 mL 锥形瓶中，加入 3 mL 三乙醇胺溶液、5 mL NH_3-NH_4Cl 缓冲溶液，再加 3 滴铬黑 T 指示剂，立即用 EDTA 标准溶液滴定，当溶液由红色变为蓝色时即为终点。平行滴定 3 次，在表 3.2 中记录消耗 EDTA 标准溶液的体积，计算自来水的总硬度，采用 $CaCO_3$(mg·L^{-1})表示，取平均值并计算相对平均偏差。

【数据处理】

表 3.1 EDTA 标准溶液的标定

m_{CaCO_3} = _____ g

编号	1	2	3
V_{EDTA}/mL			
c_{EDTA}/(mol·L^{-1})			
$\bar{c}_{EDTA}$/(mol·L^{-1})			
相对平均偏差/%			

表 3.2 自来水总硬度的测定

编号	1	2	3
V_{EDTA}/mL			
总硬度(CaCO$_3$)/(mg·L^{-1})			
总硬度(CaCO$_3$)平均值/(mg·L^{-1})			
相对平均偏差/%			

【注意事项】

(1) EDTA 标准溶液的标定实验和自来水总硬度的测定实验都需要在加好试剂后立即用 EDTA 标准溶液滴定,不可同时配制三份溶液。

(2) 如果待测水样中含有较多的二氧化碳和重金属离子,则可向待测水样中加入 1~2 滴 6 mol·L^{-1} HCl 溶液酸化,然后煮沸数分钟,从而除去二氧化碳。待水样冷却后,再加入 1 mL 20 g·L^{-1} Na$_2$S 溶液,用来掩蔽重金属离子。

【思考题】

(1) 本实验中 EDTA 标准溶液的标定为什么使用 Ca^{2+} 标准溶液?

(2) 本实验中进行自来水总硬度的测定时,移取了水样 100.00 mL。如果移取 25.00 mL 进行分析,会对分析结果产生什么影响?

实验 10 硬水的软化及阳离子清除率的计算

【实验目的】

(1) 了解离子交换树脂的类型和作用原理。

(2) 初步掌握离子交换树脂的使用和硬水软化的方法。

(3) 学习使用配位滴定法测定阳离子清除率的方法。

【实验原理】

水样的总硬度是影响生活饮用水质量的重要指标。硬度过高的水有苦涩味，不仅口感不好，甚至可能影响胃肠功能。使用硬度过高的水，还会增加用水器具上的水垢，降低肥皂和清洁剂的洗涤效率等。因此，需要使用一定的方法，除去硬水中的钙盐、镁盐等可溶性盐，实现硬水的软化。常用的硬水软化方法包括煮沸法、化学软化法、离子交换软化法等。离子交换软化法就是使用离子交换树脂使水样软化的方法。

离子交换树脂是指一类带有官能团(有交换离子的活性基团)、具有网状结构、不溶性的高分子化合物，通常是球形颗粒物。离子交换树脂根据其基体的种类分为苯乙烯系树脂和丙烯酸系树脂。树脂中化学活性基团的种类决定了树脂的主要性质和类别。用于溶液中的阳离子和阴离子进行离子交换的树脂分别称为阳离子交换树脂和阴离子交换树脂。阳离子交换树脂又分为强酸性(—SO_3H)和弱酸性(—COOH)两类，阴离子交换树脂又分为强碱性(—NR_3^+OH)和弱碱性(—NHR)两类。

通过测定离子交换之前水样中的阳离子浓度和离子交换之后水样中的阳离子浓度，可以计算阳离子清除率：

$$清除率 = \frac{\overline{c}_{样} - c_{交换}}{\overline{c}_{样}} \times 100\%$$

【仪器与试剂】

1. 仪器

分析天平，电子天平，烘箱，干燥器，烧杯，试剂瓶，层析柱，酸式滴定管，锥形瓶，容量瓶，移液管，表面皿，滴管等。

2. 试剂

苯乙烯阳离子交换树脂(—SO_3Na)，乙二胺四乙酸二钠盐，$CaCO_3$基准物质，3 mol·L^{-1}、6 mol·L^{-1} HCl 溶液，NH_3-NH_4Cl 缓冲溶液，Mg^{2+}-EDTA 溶液，5 g·L^{-1}铬黑 T 指示剂，200 g·L^{-1}三乙醇胺溶液。

【实验步骤】

1. 离子交换树脂的预处理

市售的阳离子交换树脂一般为 Na 型(—SO_3Na)，使用前需将树脂用酸处理，转化为 H 型(—SO_3H)。

称取 20 g 苯乙烯阳离子交换树脂于烧杯中，加入 150 mL 3 mol·L^{-1} HCl 溶液，搅拌，浸泡 1~2 天。倾出上层 HCl 溶液，换新鲜的 150 mL 3 mol·L^{-1} HCl 溶液再浸泡 1~2 天，经常搅拌，倾出上层 HCl 溶液，用去离子水洗涤树脂至中性，即得到 H 型阳离子交换树脂。将处理好的树脂浸泡在去离子水中备用。

2. 自来水的软化

选用 25 mL 左右的层析柱(或用酸式滴定管代替，将玻璃棉搓成花生米大小的小球，用玻璃棒将其装入滴定管底部并尽量使其平整)作为交换柱，清洗干净，在交换柱中注入去离子水至约 1/3 高度，排除柱内和尖嘴中的空气。用烧杯取一定量的强酸性阳离子交换树脂(已经处理)，用玻璃棒边搅拌边从交换柱上方倾入，使树脂自然沉下，同时将多余的水自尖嘴排出，至装到树脂高度约为 10 cm(不足再补加树脂)，放出多余的水，使交换柱中的树脂上部余下 1 mL 左右的水(不可使水流干! 如果树脂床中有空气进入会产生缝隙，使交换效果降低)。准确量取 100.00 mL 自来水，连续加入交换柱中，打开活塞，控制流速为 2~3 mL·min^{-1}，用 250 mL 锥形瓶收集流出液。待自来水基本过柱后，用 5 mL 左右去离子水淋洗 2~3 次，淋洗液也收集在锥形瓶中，得到软化水。再重复上述步骤两次，获得另外两份软化水。实验后回收离子交换树脂，再生后仍可使用。

3. EDTA 标准溶液的配制和标定

参见实验 9，在表 3.3 中记录消耗 EDTA 标准溶液的体积，计算 EDTA 标准溶液的浓度，取平均值并计算相对平均偏差。

4. 自来水和软化水中钙、镁离子总浓度的测定

准确移取 100.00 mL 自来水于 250 mL 锥形瓶中，加入 3 mL 三乙醇胺溶液、5 mL NH_3-NH_4Cl 缓冲溶液，再加 3 滴铬黑 T 指示剂，立即用 EDTA 标准溶液滴定，当溶液由红色变为蓝色时即为终点。平行滴定 3 次，在表 3.4 中记录消耗 EDTA 标准溶液的体积，计算自来水中钙、镁离子的总浓度，取平均值。

使用上述滴定条件，分别滴定实验步骤 2.中获得的三份软化水(包括所有流出液和淋洗液)，测定软化水中钙、镁离子的总浓度，计算阳离子清除率，取平均值

并计算相对平均偏差。

【数据处理】

表 3.3　EDTA 标准溶液的标定

m_{CaCO_3} = ＿＿＿＿＿ g

编号	1	2	3
V_{EDTA}/mL			
c_{EDTA}/(mol·L^{-1})			
$\bar{c}_{EDTA}$/(mol·L^{-1})			
相对平均偏差/%			

表 3.4　自来水和软化水中钙、镁离子总浓度的测定

编号	1	2	3
V_{EDTA}/mL			
自来水中钙、镁离子总浓度 $c_{样}$/(mol·L^{-1})			
$\bar{c}_{样}$/(mol·L^{-1})			
软化水中钙、镁离子总浓度 $c_{交换}$/(mol·L^{-1})			
阳离子清除率/%			
阳离子清除率平均值/%			
相对平均偏差/%			

【思考题】

(1) 离子交换树脂有哪些类型？活性基团是什么？

(2) 在硬水软化的过程中，如何保证较高的阳离子清除率？

实验 11　化工用石灰石中氧化钙和氧化镁含量的测定

【实验目的】

(1) 学习配位滴定中掩蔽镁离子的方法。

(2) 掌握使用配位滴定法测定石灰石中氧化钙和氧化镁含量的方法。

【实验原理】

石灰石是建筑行业和工业的重要原料，其主要成分是 $CaCO_3$。石灰石可以直接烧制成生石灰(主要成分为 CaO)，常用氧化钙含量表示石灰石中的钙含量。石灰石中的氧化钙和氧化镁含量是评价石灰石的重要指标。

用盐酸、氢氟酸和高氯酸分解石灰石后，溶液中的钙、镁可以与 EDTA 形成配位化合物。用 EDTA 滴定可测得溶液中的钙镁总量。当使用氢氧化钠调节溶液 pH 至 12.5 以上时，溶液中的镁离子生成氢氧化镁沉淀，此时可以利用钙指示剂，用 EDTA 滴定溶液中的钙离子。从钙镁总量中减去钙的量，即可得到镁离子浓度。因此，可利用配位滴定法分别测定氧化钙和氧化镁的含量。

【仪器与试剂】

1. 仪器

酸式滴定管，烧杯，试剂瓶，容量瓶，表面皿，移液管，锥形瓶，电子天平，分析天平，电热板，烘箱，干燥器。

2. 试剂

石灰石试样，乙二胺四乙酸二钠盐，$6\ mol \cdot L^{-1}$ HCl 溶液，$CaCO_3$ 基准物质，钙羧酸指示剂(配制方法同铬黑 T 指示剂)，$200\ g \cdot L^{-1}$ 氢氧化钾溶液，三乙醇胺溶液，Mg^{2+}-EDTA 溶液，NH_3-NH_4Cl 缓冲溶液，铬黑 T 指示剂。

【实验步骤】

1. 石灰石试样溶液的制备

用差减法准确称取 0.2 g 左右的石灰石试样，置于 100 mL 烧杯中。加少量水润湿试样，盖上表面皿，然后从烧杯嘴处向烧杯中滴加 $6\ mol \cdot L^{-1}$ HCl 溶液至剧烈反应停止，再加入 1 mL $6\ mol \cdot L^{-1}$ HCl 溶液，冲洗烧杯内壁和表面皿。将烧杯置于电热板上低温加热溶解至溶液澄清。冷却至室温，然后用去离子水冲洗烧杯内壁和表面皿，加水稀释并转移到 250 mL 容量瓶中，用去离子水稀释至刻度，摇匀。

2. EDTA 标准溶液的配制和标定

参见实验 9，在表 3.5 中记录消耗 EDTA 标准溶液的体积，计算 EDTA 标准溶液的浓度，取平均值并计算相对平均偏差。

3. 氧化钙含量的测定

准确移取 50.00 mL 石灰石试样溶液于 250 mL 锥形瓶中，加入 100 mL 去离子水、3 mL 三乙醇胺溶液和 15 mL 氢氧化钾溶液，调节溶液 pH＞12.5，加入 1～2 滴钙羧酸指示剂，摇匀后用 EDTA 标准溶液滴定至溶液由酒红色变为纯蓝色时即为终点。平行滴定 3 次，在表 3.6 中记录消耗 EDTA 标准溶液的体积，计算氧化钙含量的平均值和相对平均偏差。

4. 氧化镁含量的测定

准确移取 50.00 mL 石灰石试样溶液于 250 mL 锥形瓶中，加入 3 mL 三乙醇胺溶液、5 mL NH_3-NH_4Cl 缓冲溶液，再加 3 滴铬黑 T 指示剂，立即用 EDTA 标准溶液滴定，当溶液由红色变为蓝色时即为终点。平行滴定 3 次，在表 3.6 中记录消耗 EDTA 标准溶液的体积，结合实验步骤 3.的测定结果，计算氧化镁的含量，取平均值并计算相对平均偏差。

【数据处理】

表 3.5　EDTA 标准溶液的标定

m_{CaCO_3} = ———— g

编号	1	2	3
V_{EDTA}/mL			
c_{EDTA}/(mol·L^{-1})			
$\bar{c}_{EDTA}$/(mol·L^{-1})			
相对平均偏差/%			

表 3.6　氧化钙和氧化镁含量的测定

编号	1	2	3
$V_{EDTA\text{-}Ca}$/mL			
w_{CaO}/%			
$\bar{w}_{CaO}$/%			
相对平均偏差/%			
$V_{EDTA\text{-}(Mg+Ca)}$/mL			
w_{MgO}/%			
$\bar{w}_{MgO}$/%			
相对平均偏差/%			

【注意事项】

处理石灰石试样时,若加入盐酸并加热后仍没有完全溶解,则可再加入 4 mL 氢氟酸和 2 mL 高氯酸,将烧杯置于电热板上低温加热近干。稍冷后,用少量去离子水冲洗烧杯内壁,继续加热至干。稍冷后加入 3 mL HCl 溶液,加热溶解至溶液澄清。

【思考题】

(1) 测定钙离子浓度和钙镁总量时的 pH 要求分别是什么?如何实现?
(2) 试推导氧化钙和氧化镁含量的计算公式。

实验 12　硫酸盐溶液中硫酸根含量的测定

【实验目的】

(1) 了解硫酸根含量测定的意义和原理。
(2) 掌握使用配位滴定法测定硫酸根含量的方法。

【实验原理】

使用过量的氯化钡可以将样品溶液中的硫酸盐沉淀完全。剩余的过量钡离子可以在 pH = 10 的缓冲溶液中,以铬黑 T 为指示剂,在添加一定量的镁离子后,用 EDTA 溶液进行滴定。通过空白实验可以求得加入钡、镁所消耗的 EDTA 溶液的量。用空白实验消耗的 EDTA 标准溶液的体积(V'_{EDTA},mL)减去沉淀硫酸盐后剩余钡、镁所消耗的 EDTA 标准溶液的体积(V_{EDTA},mL),可以求得用于沉淀硫酸盐的钡的量,从而计算出样品溶液中硫酸盐的浓度(以硫酸根的浓度表示,单位为 mg·L^{-1})。计算公式如下:

$$硫酸盐浓度(SO_4^{2-}, mg \cdot L^{-1}) = \frac{(V'_{EDTA} - V_{EDTA})c_{EDTA}}{V_{水样}} \times 96.06 \times 1000$$

【仪器与试剂】

1. 仪器

分析天平,电子天平,试剂瓶,烧杯,酸式滴定管,锥形瓶,容量瓶,移液管,滴管,表面皿等。

2. 试剂

乙二胺四乙酸二钠盐,基准锌片(纯度 99.99%),甲基红指示剂,7 mol·L^{-1}

氨水，6 mol·L^{-1} HCl 溶液，NH$_3$-NH$_4$Cl 缓冲溶液，二水合氯化钡，六水合氯化镁，5 g·L^{-1} 铬黑 T 指示剂，样品溶液(约 0.15 mg·L^{-1} Na$_2$SO$_4$ 溶液)。

【实验步骤】

1. 钡镁混合溶液的配制

称取 3.05 g 二水合氯化钡和 2.54 g 六水合氯化镁，溶于 100 mL 去离子水，并转移至 1000 mL 容量瓶中，用去离子水稀释至刻度，摇匀。

2. Zn^{2+} 标准溶液的配制

准确称取 0.10 g 左右的基准锌片于干净的 50 mL 烧杯中，加入约 5 mL 6 mol·L^{-1} HCl 溶液，立即盖上表面皿。待锌片完全溶解后，用少量去离子水冲洗表面皿。将溶液定量转移至 150 mL 容量瓶中，加去离子水稀释至刻度，摇匀，计算 Zn^{2+} 标准溶液的浓度。

3. EDTA 标准溶液的配制和标定

用电子天平称取 1.0~1.2 g 乙二胺四乙酸二钠盐于烧杯中，加去离子水溶解后转移到试剂瓶中，再加去离子水稀释至 300 mL，摇匀。

准确移取 25.00 mL Zn^{2+} 标准溶液于锥形瓶中，加 1 滴甲基红指示剂，再滴加 7 mol·L^{-1} 氨水至溶液由红色变为黄色，以中和酸溶锌片时过量的 HCl。然后加入 20 mL 去离子水、10 mL NH$_3$-NH$_4$Cl 缓冲溶液、2~3 滴铬黑 T 指示剂，用 EDTA 标准溶液滴定至溶液由紫红色变为蓝绿色(图 3.4)时即为终点。平行滴定 3 次，在表 3.7 中记录消耗 EDTA 标准溶液的体积，计算 EDTA 标准溶液的浓度，取平均值并计算相对平均偏差。

图 3.4 加入铬黑 T 指示剂显色(左)与滴定终点颜色(右)(EDTA 滴定 Zn^{2+} 标准溶液)

4. 硫酸盐的沉淀

准确移取 25.00 mL 样品溶液于 250 mL 锥形瓶中,加入 75 mL 去离子水,加热煮沸后,边加热边缓慢加入 6 mL 钡镁混合溶液,过程中不断搅拌,形成硫酸盐沉淀。静置陈化 6 h(或放置过夜),然后用 EDTA 进行滴定。

5. 剩余钡、镁的滴定

向上述沉淀后的溶液中加入 5 mL NH_3-NH_4Cl 缓冲溶液、3 滴铬黑 T 指示剂,立即用 EDTA 标准溶液滴定,当溶液由红色变为蓝色时即为终点。平行滴定 3 次,在表 3.8 中记录消耗 EDTA 标准溶液的体积。

6. 空白实验

准确移取 100.00 mL 去离子水于 250 mL 锥形瓶中,加热煮沸后,边加热边缓慢加入 6 mL 钡镁混合溶液,过程中不断搅拌,形成硫酸盐沉淀。静置陈化 6 h(或放置过夜),然后用 EDTA 进行滴定。向锥形瓶中加入 5 mL NH_3-NH_4Cl 缓冲溶液、3 滴铬黑 T 指示剂,立即用 EDTA 标准溶液滴定,当溶液由红色变为蓝色时即为终点。平行滴定 3 次,在表 3.8 中记录消耗 EDTA 标准溶液的体积。根据实验步骤 4.和 5.计算样品溶液中硫酸根的含量,取平均值并计算相对平均偏差。

【数据处理】

表 3.7　EDTA 标准溶液的标定

$m_{锌片}$ = _____ g, $V_{Zn^{2+}}$ = _____ mL

编号	1	2	3
V_{EDTA}/mL			
c_{EDTA}/(mol·L^{-1})			
$\bar{c}_{EDTA}$/(mol·L^{-1})			
相对平均偏差/%			

表 3.8　硫酸盐溶液中硫酸根含量的测定

编号	1	2	3
V_{EDTA}/mL			
空白实验 V'_{EDTA}/mL			
硫酸盐(SO_4^{2-})浓度/(mg·L^{-1})			
硫酸盐(SO_4^{2-})浓度平均值/(mg·L^{-1})			
相对平均偏差/%			

【注意事项】

若样品溶液中含有较多的二氧化碳,可以向试样中滴加 6 mol·L^{-1} HCl 溶液使刚果红试纸变为蓝色,然后加热煮沸 1~2 min,除去二氧化碳。

【思考题】

(1) 在沉淀硫酸盐的操作过程中需要注意什么?
(2) 利用配位滴定法测定硫酸盐的操作过程中,加入镁的作用是什么?

实验 13 葡萄糖酸锌口服液中锌含量的测定

【实验目的】

(1) 掌握生活中常见金属离子配位滴定的定量检测方法。
(2) 理解配位滴定的实验原理。

【实验原理】

Zn^{2+}可以与 EDTA 形成稳定的 1∶1 的无色配合物,可直接用已知准确浓度的 EDTA 滴定得到 Zn^{2+}的含量。采用二甲酚橙作指示剂,溶液 pH>6.3 时,二甲酚橙呈红色;pH<6.3 时,呈黄色;pH = pK_a = 6.3 时,呈现两者的混合颜色。二甲酚橙与金属离子形成的配合物为紫红色,滴定终点由红色变为黄色,因此它只适用于 pH<6.3 的酸性溶液。

滴定前: $\qquad$ Zn + In(黄色) ══ ZnIn(紫红色)

终点时: $\qquad$ ZnIn(紫红色) + Y ══ ZnY + In(黄色)

【仪器与试剂】

1. 仪器

酸式滴定管,试剂瓶,锥形瓶,容量瓶,移液管,烧杯,分析天平,电子天平,表面皿,洗瓶,玻璃棒。

2. 试剂

6 mol·L^{-1} HCl 溶液,乙二胺四乙酸二钠盐,2 g·L^{-1} 二甲酚橙指示剂,200 g·L^{-1} 六亚甲基四胺溶液,基准锌片(纯度 99.99%),葡萄糖酸锌口服液。

【实验步骤】

1. Zn^{2+} 标准溶液的配制

参见实验 12。

2. EDTA 标准溶液的配制和标定

用电子天平称取 1.0~1.2 g 乙二胺四乙酸二钠盐于烧杯中,加去离子水溶解后转移到试剂瓶中,再加去离子水稀释至 300 mL,摇匀。

准确移取 25.00 mL Zn^{2+} 标准溶液于锥形瓶中,加 2 滴二甲酚橙指示剂,滴加 200 g·L^{-1} 六亚甲基四胺溶液至溶液呈现稳定的紫红色,再加 5 mL 六亚甲基四胺溶液。用 EDTA 标准溶液滴定至溶液由紫红色刚好变为黄色(图 3.5)时即为终点。平行滴定 3 次,在表 3.9 中记录消耗 EDTA 标准溶液的体积,计算 EDTA 标准溶液的浓度,取平均值并计算相对平均偏差。

图 3.5 加入二甲酚橙指示剂显色(左)与滴定终点颜色(右)(EDTA 滴定 Zn^{2+} 标准溶液)

3. 葡萄糖酸锌口服液中锌含量的测定

将三支葡萄糖酸锌口服液(共 30 mL)定量转移至锥形瓶中,加入 2 滴二甲酚橙指示剂和 5 mL 六亚甲基四胺溶液,用标定的 EDTA 标准溶液滴定至溶液由紫红色变为黄色时即为终点。平行滴定 3 次,在表 3.10 中记录消耗 EDTA 标准溶液的体积,计算葡萄糖酸锌口服液中的锌含量。

【数据处理】

表 3.9　EDTA 标准溶液的标定

$m_{锌片}$ = _____ g，$V_{Zn^{2+}}$ = _____ mL

编号	1	2	3
V_{EDTA}/mL			
c_{EDTA}/(mol·L^{-1})			
$\bar{c}_{EDTA}$/(mol·L^{-1})			
相对平均偏差/%			

表 3.10　葡萄糖酸锌口服液中锌含量的测定

编号	1	2	3
V_{EDTA}/mL			
$w_{Zn^{2+}}$/[mg·(10 mL)$^{-1}$]			
$\bar{w}_{Zn^{2+}}$/[mg·(10 mL)$^{-1}$]			
相对平均偏差/%			

【思考题】

(1) 根据葡萄糖酸锌口服液的参考含量，如何推算出葡萄糖酸锌的取样量？依据是什么？

(2) 加入指示剂二甲酚橙后溶液呈红色，表明溶液 pH 在什么范围？应如何调整到理想的 pH 范围？

实验 14　明矾中铝含量的测定

【实验目的】

(1) 掌握返滴定法的原理，了解其应用范围。

(2) 熟悉二甲酚橙指示剂的使用条件和变色原理。

【实验原理】

Al^{3+} 与 EDTA 能形成 1∶1 的配位化合物，但 Al^{3+} 在酸度不高的溶液中容易形成多核羟基配位化合物，而多核羟基配位化合物与 EDTA 的反应速率缓慢，且 Al^{3+} 与二甲酚橙指示剂形成比 AlY 更稳定的配合物而封闭指示剂，难以指示滴定终点，因此 Al^{3+} 不能用 EDTA 直接滴定。通常采用返滴定或置换滴定的方法测定

Al^{3+} 的含量。因 Al^{3+} 在 pH>4.1 时会水解生成一系列多核羟基配位化合物,在进行返滴定测定时,先将溶液的 pH 调为 3~4,再向其中加入定量且过量的 EDTA 标准溶液,煮沸几分钟使 Al^{3+} 与 EDTA 充分反应。冷却后再将溶液 pH 调到 5~6,以二甲酚橙作指示剂,用 Zn^{2+} 标准溶液返滴定过量的 EDTA,溶液由黄色变为橙色即为滴定终点,根据所用 EDTA 与 Zn^{2+} 标准溶液的体积,可求得 Al^{3+} 的浓度。

$$Al + Y =\!\!=\!\!= AlY$$
$$Y + Zn =\!\!=\!\!= ZnY$$
$$Zn + In(黄色) =\!\!=\!\!= ZnIn(紫红色)$$

十二水合硫酸铝钾是含有结晶水的硫酸钾和硫酸铝的复盐,又称明矾、白矾,常用作净水剂和食品添加剂,但因其具有一定毒性,我国已经禁止其作为食品添加剂使用。明矾可溶于水,适当加热可增加其溶解度,因 K^+ 与 EDTA 不能形成稳定的配位化合物,不干扰 Al^{3+} 的测定。根据实验原理可知,定量加入的过量 EDTA 的量与返滴定 Zn^{2+} 消耗的 EDTA 的量的差值为明矾中 Al^{3+} 消耗的 EDTA 的量,从而得到明矾中铝的含量。

【仪器与试剂】

1. 仪器

酸式滴定管,试剂瓶,锥形瓶,容量瓶,移液管,烧杯,分析天平,电子天平,表面皿,洗瓶,玻璃棒。

2. 试剂

6 mol·L^{-1} HCl 溶液,7 mol·L^{-1} 氨水,乙二胺四乙酸二钠盐,2 g·L^{-1} 二甲酚橙指示剂,200 g·L^{-1} 六亚甲基四胺溶液,2 g·L^{-1} 甲基红指示剂,基准锌片(纯度 99.99%),$KAl(SO_4)_2·12H_2O$,NH_3-NH_4Cl 缓冲溶液,5 g·L^{-1} 铬黑 T 指示剂。

【实验步骤】

1. Zn^{2+} 标准溶液的配制

参见实验 12。

2. EDTA 标准溶液的配制和标定

参见实验 12 和实验 13,两种标定方法任选其一。在表 3.11 中记录消耗 EDTA 标准溶液的体积,计算 EDTA 标准溶液的浓度,取平均值并计算相对平均偏差。

3. 明矾中铝含量的测定

用分析天平准确称取 0.95~1.00 g 明矾于 100 mL 烧杯中,加 40~50 mL 去离子水溶解，可适当加热加速溶解。待冷却后定量转移至 150 mL 容量瓶中，加去离子水稀释至刻度，摇匀。

准确移取上述试液 25.00 mL 于 250 mL 锥形瓶中，加 1 滴甲基红指示剂，滴加 7 mol·L^{-1} 氨水溶液至溶液呈黄色，再滴加 6 mol·L^{-1} HCl 使溶液变至红色，准确加入 25.00 mL 0.01 mol·L^{-1} EDTA 标准溶液，煮沸 5 min，冷却后，加 10 mL 200 g·L^{-1} 六亚甲基四胺溶液、2~3 滴二甲酚橙指示剂，用 0.01 mol·L^{-1} Zn^{2+} 标准溶液滴至溶液由黄色变为橙色。平行滴定 3 份，在表 3.12 中记录消耗 Zn^{2+} 标准溶液的体积。根据 EDTA 总量和 Zn^{2+} 消耗的 EDTA 的差值，就可以计算出明矾溶液中铝离子消耗的 EDTA 的量，从而得到明矾中的铝含量。

【数据处理】

表 3.11　EDTA 标准溶液的标定

$m_{锌片}$ = _____ g，$V_{Zn^{2+}}$ = _____ mL

编号	1	2	3
V_{EDTA}/mL			
c_{EDTA}/(mol·L^{-1})			
$\bar{c}_{EDTA}$/(mol·L^{-1})			
相对平均偏差/%			

表 3.12　明矾中铝含量的测定

m = _____ g

编号	1	2	3
$V_{Zn^{2+}标准溶液}$/mL			
w_{Al}/%			
$\bar{w}_{Al}$/%			
相对平均偏差/%			

【思考题】

(1) 直接滴定和返滴定适用的条件分别是什么？

(2) 如果含有与 EDTA 形成稳定配合物的干扰离子，对铝含量的计算有什么影响？

实验 15　Bi^{3+}-Pb^{2+} 混合溶液的连续滴定

【实验目的】

(1) 了解不同金属离子滴定的酸度条件。

(2) 掌握利用酸度调节实现不同金属离子连续滴定的方法。

【实验原理】

Bi^{3+} 和 Pb^{2+} 均能与 EDTA 形成稳定的 1∶1 配合物，它们的稳定常数 $\lg K$ 分别为 27.94 和 18.04。由于两者的 $\lg K$ 相差很大，在 Bi^{3+}、Pb^{2+} 两者浓度相差不太悬殊的情况下，满足分步滴定的条件。利用 EDTA 的酸效应，可实现在不同酸度条件下的连续分步滴定。首先将溶液 pH 调到 1 左右，此时 EDTA 的酸效应很强，Pb^{2+} 不能与 EDTA 形成稳定的配合物，且 Pb^{2+} 不与二甲酚橙显色，而 Bi^{3+} 不受影响。以二甲酚橙作指示剂，Bi^{3+} 与指示剂形成紫红色配合物。用 EDTA 标准溶液滴定 Bi^{3+}，当溶液由紫红色变为橙色时即为滴定 Bi^{3+} 的终点。在滴定 Bi^{3+} 后的溶液中加入六亚甲基四胺溶液，调节溶液 pH 为 5~6，可滴定 Pb^{2+}。此时，Pb^{2+} 与二甲酚橙形成紫红色配合物，溶液再次呈现紫红色，然后用 EDTA 标准溶液继续滴定，当溶液由紫红色变为橙色时即为滴定 Pb^{2+} 的终点。

【仪器与试剂】

1. 仪器

酸式滴定管，试剂瓶，锥形瓶，容量瓶，移液管，烧杯，分析天平，电子天平，表面皿，洗瓶，玻璃棒。

2. 试剂

6 mol·L^{-1} HCl 溶液，乙二胺四乙酸二钠盐，2 g·L^{-1} 二甲酚橙指示剂，200 g·L^{-1} 六亚甲基四胺溶液，基准锌片(纯度 99.99%)，Bi^{3+}-Pb^{2+} 混合溶液(浓度均为 0.01 mol·L^{-1})，7 mol·L^{-1} 氨水，NH_3-NH_4Cl 缓冲溶液，5 g·L^{-1} 铬黑 T 指示剂，甲基红指示剂，0.1 mol·L^{-1} HNO_3 溶液。

【实验步骤】

1. Zn^{2+} 标准溶液的配制

参见实验 12。

2. EDTA 标准溶液的配制和标定

参见实验 12 和实验 13,两种标定方法任选其一。在表 3.13 中记录消耗 EDTA 标准溶液的体积,计算 EDTA 标准溶液的浓度,取平均值并计算相对平均偏差。

3. Bi^{3+}-Pb^{2+} 混合溶液的测定

准确移取 25.00 mL Bi^{3+}-Pb^{2+} 混合溶液于 250 mL 锥形瓶中,加入 10 mL 0.1 mol·L^{-1} HNO$_3$ 调溶液 pH 为 1 左右(酸溶得到的混合溶液可省去此步)。滴加 1~2 滴二甲酚橙指示剂,用 EDTA 标准溶液滴定至溶液由紫红色变为黄色。平行测定 3 次,在表 3.14 中记录消耗 EDTA 标准溶液的体积,计算混合溶液中 Bi^{3+} 的含量,取平均值并计算相对平均偏差。

向滴定 Bi^{3+} 后的溶液中滴加六亚甲基四胺溶液,至溶液呈现稳定的紫红色,再多加入 5 mL,此时溶液的 pH 为 5~6。然后用 EDTA 标准溶液滴定至溶液由紫红色变为黄色时即为滴定 Pb^{2+} 的终点。平行测定 3 次,根据消耗 EDTA 标准溶液的体积计算混合溶液中 Pb^{2+} 的含量,取平均值并计算相对平均偏差。

【数据处理】

表 3.13　EDTA 标准溶液的标定

$m_{基准}$ = _____ g,$V_{移取}$ = _____ mL

编号	1	2	3
V_{EDTA}/mL			
c_{EDTA}/(mol·L^{-1})			
$\bar{c}_{EDTA}$/(mol·L^{-1})			
相对平均偏差/%			

表 3.14　Bi^{3+}-Pb^{2+} 混合溶液的测定

编号	1	2	3
V_{EDTA}(滴定 Bi^{3+})/mL			
$c_{Bi^{3+}}$/(mol·L^{-1})			
$\bar{c}_{Bi^{3+}}$/(mol·L^{-1})			
相对平均偏差/%			
V_{EDTA}(滴定 Pb^{2+})/mL			
$c_{Pb^{2+}}$/(mol·L^{-1})			
$\bar{c}_{Pb^{2+}}$/(mol·L^{-1})			
相对平均偏差/%			

【思考题】

(1) 连续滴定过程中，锥形瓶内溶液颜色的变化对应哪些反应？试列出反应方程式。

(2) 如何确定分步滴定的溶液酸度，即最低、最高酸度？

实验 16　Bi^{3+}-Fe^{3+}混合溶液各组分含量的测定

【实验目的】

(1) 掌握掩蔽法在配位滴定中的应用。

(2) 掌握二甲酚橙指示剂的使用条件和变色原理。

【实验原理】

Bi^{3+}和Fe^{3+}均能与EDTA形成1∶1的配合物，它们的稳定常数$\lg K$分别为27.94和25.1。在浓度相近的情况下，$\Delta \lg K < 6$，不满足分步滴定的条件，因此不能像Bi^{3+}和Pb^{2+}那样通过控制溶液的酸度达到分步滴定的目的。而Fe^{3+}的还原产物Fe^{2+}与EDTA的稳定常数$\lg K$为14.33，此时$\Delta \lg K = 13.61$，满足分步滴定的条件。因此，对于Bi^{3+}和Fe^{3+}的混合溶液，可采用氧化还原掩蔽方法，先加入抗坏血酸将Fe^{3+}还原成Fe^{2+}，为了避开Fe^{2+}的干扰，先将体系的酸度用HCl溶液调至pH = 1.0，加入二甲酚橙指示剂，再用EDTA标准溶液滴定Bi^{3+}，当溶液由紫红色变为黄色时即为Bi^{3+}的终点。再向溶液中加入六亚甲基四胺，当溶液由黄色变为紫红色时，再加入5 mL六亚甲基四胺，继续用EDTA标准溶液滴定，至溶液刚好变为黄色时即为Fe^{2+}的终点。适宜的酸度条件为pH 5~7。

也可以先滴定Bi^{3+}和Fe^{3+}的总量，在pH = 2.0的条件下，加入二甲酚橙指示剂，用EDTA标准溶液滴定至溶液由紫红色变为橙色，为总量消耗的EDTA。根据浓度和体积可以得到Bi^{3+}和Fe^{3+}的总量。另取一份溶液，加入过量的抗坏血酸将Fe^{3+}还原为Fe^{2+}，因Fe^{2+}与EDTA形成配位化合物的稳定常数比BiY小得多，当pH = 1.0时，Fe^{2+}对Bi^{3+}的滴定没有干扰。根据滴定Bi^{3+}至变色点所消耗的EDTA标准溶液的体积可以计算出Bi^{3+}的含量。根据总量消耗EDTA的量，扣除Bi^{3+}消耗EDTA的量，即可计算出Fe^{3+}的含量。

滴定Bi^{3+}和Fe^{3+}的最高酸度可根据配合物稳定常数较低的Fe^{3+}来计算，按照常用滴定浓度0.020 mol·L^{-1} EDTA滴定相同浓度的Fe^{3+}溶液，若要求滴定的终点误差≤0.1%，化学计量点和终点的金属离子浓度的负对数相差0.2个单位，计算Fe^{3+}滴定的最高酸度为pH = 1.2，最低酸度按$Fe(OH)_3$不生成沉淀计算，最低酸度应为2.1。

滴定 Fe^{2+} 的最高酸度，按照上述思路，计算最高酸度为 pH = 5.1，最低酸度按 $Fe(OH)_2$ 不生成沉淀计算，最低酸度为 pH = 7.46。

【仪器与试剂】

1. 仪器

酸式滴定管，试剂瓶，锥形瓶，容量瓶，移液管，烧杯，分析天平，电子天平，表面皿，洗瓶，玻璃棒。

2. 试剂

6 mol·L^{-1} HCl 溶液，乙二胺四乙酸二钠盐，2 g·L^{-1} 二甲酚橙指示剂，200 g·L^{-1} 六亚甲基四胺溶液，基准锌片(纯度99.99%)，7 mol·L^{-1} 氨水，NH_3-NH_4Cl 缓冲溶液，5 g·L^{-1} 铬黑T指示剂，Bi^{3+}-Fe^{3+} 混合溶液(浓度均为 0.02 mol·L^{-1})，5%抗坏血酸溶液，0.1%百里酚蓝指示剂(20%乙醇溶液溶解)，甲基红指示剂。

【实验步骤】

1. Zn^{2+} 标准溶液的配制

参见实验12。

2. EDTA 标准溶液的配制和标定

参见实验12和实验13，两种标定方法任选其一。在表 3.15 中记录消耗 EDTA 标准溶液的体积，计算 EDTA 标准溶液的浓度，取平均值并计算相对平均偏差。

3. Bi^{3+}-Fe^{3+} 混合溶液的测定

方法一：准确移取 25.00 mL Bi^{3+}-Fe^{3+} 混合溶液于 250 mL 锥形瓶中，加 1 滴百里酚蓝指示剂，用 HCl 调节溶液颜色为红中带黄，pH 约为 2.0。滴加 1～2 滴二甲酚橙指示剂，用 EDTA 标准溶液滴定至溶液由紫红色变为黄色。平行测定 3 次，在表 3.16 中记录消耗 EDTA 标准溶液的体积，计算混合溶液中 Bi^{3+} 和 Fe^{3+} 的含量，取平均值并计算相对平均偏差。

另取一份混合溶液，加入 5 mL 抗坏血酸溶液。向滴定 Bi^{3+} 后的溶液中滴加六亚甲基四胺溶液，至溶液呈现稳定的紫红色，再多加入 5 mL，此时溶液的 pH 为 5～6。然后用 EDTA 标准溶液滴定至溶液由紫红色变为黄色时即为滴定 Bi^{3+} 的终点。平行测定 3 次，根据消耗 EDTA 标准溶液的体积计算混合溶液中 Bi^{3+} 的含量，取平均值并计算相对平均偏差。根据 Bi^{3+} 和 Fe^{3+} 消耗的 EDTA 总量和 Bi^{3+} 消耗的 EDTA 的量，可以计算出 Fe^{3+} 消耗的量，从而得到 Fe^{3+} 的含量。

方法二：准确移取 25.00 mL 混合溶液，加入 5 mL 抗坏血酸溶液，用 HCl 溶液调至体系 pH = 1.0，加入二甲酚橙指示剂，再用 EDTA 标准溶液滴定 Bi^{3+}，当溶液由紫红色变为黄色时即为 Bi^{3+} 的终点。向溶液中加入六亚甲基四胺溶液，当溶液由黄色变为紫红色时，再加入 5 mL 六亚甲基四胺溶液，继续用 EDTA 标准溶液滴定，至溶液刚好变为黄色时即为 Fe^{2+} 的终点。记录消耗 EDTA 标准溶液的体积，计算 Fe^{3+} 的含量。

【数据处理】

表 3.15 EDTA 标准溶液的标定

$m_{基准} =$ _____ g，$V_{移取} =$ _____ mL

编号	1	2	3
V_{EDTA}/mL			
c_{EDTA}/(mol·L^{-1})			
$\bar{c}_{EDTA}$/(mol·L^{-1})			
相对平均偏差/%			

表 3.16 Bi^{3+}-Fe^{3+} 混合溶液的测定

编号	1	2	3
V_{EDTA}(滴定 Bi^{3+}、Fe^{3+} 总量)/mL			
Bi^{3+}、Fe^{3+} 总量/(mol·L^{-1})			
Bi^{3+}、Fe^{3+} 总量平均值/(mol·L^{-1})			
相对平均偏差/%			
V_{EDTA}(滴定 Bi^{3+})/mL			
$c_{Bi^{3+}}$/(mol·L^{-1})			
$\bar{c}_{Bi^{3+}}$/(mol·L^{-1})			
相对平均偏差/%			
$c_{Fe^{3+}}$/(mol·L^{-1})			

【思考题】

(1) 滴定 Bi^{3+} 和 Fe^{3+} 总量时，适宜的酸度为什么是 pH 1.2～2.1？主要由哪种离子决定？

(2) 当抗坏血酸将 Fe^{3+} 还原为 Fe^{2+} 后，可以控制酸度分别滴定 Bi^{3+} 和 Fe^{2+}，此时各离子的适宜酸度条件是什么？

第四章 氧化还原滴定法

氧化还原方法在工业检测和科学研究中有广泛的应用。常见的氧化还原滴定方法有高锰酸钾法、重铬酸钾法、碘量法、铈量法等。

第一节 高锰酸钾法

高锰酸钾是最强的氧化剂之一，作为氧化剂使用时受 pH 影响很大，在强酸性溶液中使用时氧化能力最强。相应的酸——高锰酸($HMnO_4$)和酸酐(Mn_2O_7)均为强氧化剂，在实验室中和工业上也常用作氧化剂，遇乙醇即分解。高锰酸钾在酸性介质中会缓慢分解生成二氧化锰、钾盐和氧气。光对这种分解有催化作用，因此在实验室里高锰酸钾常存放在棕色瓶中。

市售高锰酸钾试剂纯度一般为 99.0%～99.5%，在制备和储存过程中常混入少量的二氧化锰及其他杂质，因此不能直接配制，每次使用前需要标定。同时，高锰酸钾的氧化性很强，能与水中的有机物缓慢发生反应，生成的氢氧化氧锰[$MnO(OH)_2$]又会促使高锰酸钾进一步分解，见光则分解得更快。因此，高锰酸钾溶液不稳定，特别是配制初期浓度易发生改变。为了获得稳定的高锰酸钾溶液，配成的溶液要储存于棕色瓶中，密闭，在暗处放置 7～8 天；或者加水溶解后煮沸 10～20 min，静置 2 天以上，并用垂熔玻璃漏斗过滤除去二氧化锰等杂质再标定。

高锰酸钾法的优点是：高锰酸钾氧化能力强，能与许多物质发生反应，应用范围广。高锰酸根离子本身有很深的紫红色，用它滴定无色或浅色溶液时，不需要另加指示剂。缺点是高锰酸钾溶液中通常含有微量 $MnO(OH)_2$，会促使其分解，所以溶液需要经常用乙二酸钠、乙二酸、三氧化二砷标定。另外，能与高锰酸钾反应的物质很多，所以方法的选择性不高。

针对不同的待测物质可用不同的高锰酸钾滴定策略。对于还原性物质，如 Fe(Ⅱ)、As(Ⅲ)、Sb(Ⅲ)、过氧化氢等，可用高锰酸钾标准溶液直接滴定。对于氧化性物质，如软锰矿中的二氧化锰，可在硫酸溶液中准确加入过量的乙二酸钠标准溶液，待二氧化锰与乙二酸根离子作用完毕后，再用高锰酸钾标准溶液返滴定过量的乙二酸根离子。对于非氧化还原性物质，可以用间接法测定，如测定钙离子时，可先使其生成乙二酸钙沉淀，然后用高锰酸钾测定沉淀中乙二酸根离子的含量，从而间接求得钙离子的含量。

实验17　高锰酸钾标准溶液的标定及过氧化氢含量的测定

【实验目的】

(1) 掌握 $KMnO_4$ 标准溶液的配制与标定方法，了解自催化反应。
(2) 学习高锰酸钾法测定 H_2O_2 的原理和方法。
(3) 了解 $KMnO_4$ 自身指示剂的特点。
(4) 理解温度、滴定速度等对滴定分析的影响。
(5) 进一步熟练掌握移液管及酸式滴定管的使用方法。

【实验原理】

过氧化氢(H_2O_2)又称双氧水，医药上常用作消毒剂。市售的 H_2O_2 含量一般为 30%。在实验室中常将 H_2O_2 装在塑料瓶中，置于阴暗处保存。H_2O_2 在工业、生物、医药等方面应用广泛，可用于漂白毛、丝织物及消毒、杀菌；纯 H_2O_2 能作火箭燃料的氧化剂；工业上可利用 H_2O_2 的还原性除去氯气；在生物方面，则可利用过氧化氢酶对 H_2O_2 分解反应的催化作用，测量过氧化氢酶的活性。

在稀硫酸溶液中，H_2O_2 在室温下能定量、迅速地被高锰酸钾氧化，因此可用高锰酸钾法测定其含量，有关反应式为

$$5H_2O_2 + 2MnO_4^- + 6H^+ = 2Mn^{2+} + 5O_2\uparrow + 8H_2O$$

该反应开始时比较缓慢，滴入的第一滴 $KMnO_4$ 溶液不容易褪色。随着上述反应的进行，待生成少量 Mn^{2+} 后，由于 Mn^{2+} 的催化作用，反应速率逐渐加快。H_2O_2 不稳定，不能加热，但可先加少量的 Mn^{2+} 作催化剂，加快反应速率。到达化学计量点后，稍微过量的滴定剂 $KMnO_4$(约 10^{-6} mol·L^{-1})呈现微红色，指示终点的到达。根据 $KMnO_4$ 标准溶液的浓度和滴定消耗的体积，可算出试样中 H_2O_2 的含量。

$KMnO_4$ 溶液的浓度可用基准物质 As_2O_3、纯铁丝或 $Na_2C_2O_4$ 等标定。若以 $Na_2C_2O_4$ 标定，其反应式为

$$2MnO_4^- + 5C_2O_4^{2-} + 16H^+ = 2Mn^{2+} + 10CO_2\uparrow + 8H_2O$$

由于 H_2O_2 不稳定，产品中常加入少量的乙酰苯胺等作稳定剂，滴定时也要消耗 $KMnO_4$，使测定结果偏高。这时可采用碘量法测定，利用 H_2O_2 与 KI 作用析出 I_2，然后用 $Na_2S_2O_3$ 标准溶液滴定生成的 I_2。

【仪器与试剂】

1. 仪器

台秤，分析天平，酸式滴定管，移液管，烧杯，称量瓶，容量瓶，砂芯漏斗，

表面皿，棕色试剂瓶，锥形瓶。

2. 试剂

$Na_2C_2O_4$ 基准物质(在 105~115℃条件下烘干 2 h 备用)，$3\ mol \cdot L^{-1}\ H_2SO_4$ 溶液，$KMnO_4$ 固体，$30\ g \cdot L^{-1}\ H_2O_2$ 溶液(市售 30%的 H_2O_2 稀释 10 倍而成，储存在棕色试剂瓶中)。

【实验步骤】

1. $KMnO_4$ 标准溶液的配制

用台秤称取 $KMnO_4$ 固体约 1.6 g，置于 1000 mL 烧杯中，加 500 mL 去离子水使其溶解，盖上表面皿，加热至沸，并保持微沸状态约 1 h，中间可补加一定量的去离子水，以保持溶液体积基本不变。冷却后将溶液转移至棕色瓶内，在暗处放置 2~3 天(去离子水中常含有少量还原性物质，能将 $KMnO_4$ 还原为 $MnO_2 \cdot nH_2O$，它能加速 $KMnO_4$ 的分解)，然后用砂芯漏斗过滤除去 MnO_2 等杂质，滤液储存于棕色试剂瓶内备用。也可将 $KMnO_4$ 固体溶于煮沸过的去离子水中，将该溶液在暗处放置 6~10 天，用砂芯漏斗过滤备用。有时也可不经过滤而直接取上层清液进行实验。

2. $KMnO_4$ 标准溶液的标定

准确称取 0.15~0.20 g $Na_2C_2O_4$ 基准物质 3 份，分别置于 250 mL 锥形瓶中，向其中各加入 30 mL 去离子水使其溶解，再各加入 15 mL $3\ mol \cdot L^{-1}\ H_2SO_4$ 溶液，然后将锥形瓶置于水浴上加热至 75~85℃(刚好冒蒸气)，趁热用 $KMnO_4$ 标准溶液滴定至溶液呈微红色并保持 30 s 不褪色即为终点。平行滴定 3 次，在表 4.1 中记录数据，并根据滴定消耗 $KMnO_4$ 标准溶液的体积和 $Na_2C_2O_4$ 的量，计算 $KMnO_4$ 标准溶液的浓度($KMnO_4$ 标准溶液久置后需重新标定)。

在室温条件下，$KMnO_4$ 与 $C_2O_4^{2-}$ 反应速率缓慢，故加热提高反应速率，但温度不能太高，若超过 85℃则有部分 $H_2C_2O_4$ 分解，反应式为

$$H_2C_2O_4 = CO_2\uparrow + CO\uparrow + H_2O$$

3. H_2O_2 含量的测定

准确移取 10.00 mL $30\ g \cdot L^{-1}\ H_2O_2$ 溶液于 250 mL 容量瓶中，加去离子水稀释至刻度，摇匀。准确移取 25.00 mL 该稀溶液 3 份，分别置于 250 mL 锥形瓶中，各加 30 mL 去离子水和 30 mL $3\ mol \cdot L^{-1}\ H_2SO_4$ 溶液，然后用 $KMnO_4$ 标准溶液滴至溶液呈微红色并保持 30 s 不褪色即为终点。平行滴定 3 次，在表 4.2 中记录数

据,并根据 $KMnO_4$ 标准溶液的浓度和滴定消耗的体积计算 H_2O_2 溶液的质量浓度。

【数据处理】

表 4.1 $KMnO_4$ 标准溶液的标定

编号	1	2	3
$m_{Na_2C_2O_4}/g$			
V_{KMnO_4}/mL			
$c_{KMnO_4}/(mol \cdot L^{-1})$			
$\bar{c}_{KMnO_4}/(mol \cdot L^{-1})$			
相对偏差/%			
相对平均偏差/%			

表 4.2 H_2O_2 含量的测定

编号	1	2	3
$V_{H_2O_2}/mL$			
V_{KMnO_4}/mL			
$\rho_{H_2O_2}/(g \cdot L^{-1})$			
$\bar{\rho}_{H_2O_2}/(g \cdot L^{-1})$			
相对偏差/%			
相对平均偏差/%			

【思考题】

(1) 配制 $KMnO_4$ 溶液应注意什么？用 $Na_2C_2O_4$ 基准物质标定 $KMnO_4$ 时，应在什么条件下进行？$KMnO_4$ 和 $Na_2C_2O_4$ 哪个需要粗称？哪个需要精称？为什么？

(2) 用高锰酸钾法测定 H_2O_2 含量时，能否用 HNO_3 溶液、HCl 溶液或 HAc 溶液调节溶液酸度？为什么？

(3) 用高锰酸钾法测定 H_2O_2 含量时，能否在加热条件下滴定？为什么？

(4) 配制 $KMnO_4$ 溶液时，过滤后的滤器上黏附的物质是什么？应选用什么物质清洗干净？

(5) H_2O_2 商品液标签中注明其含量为 30%，但实验测定结果小于此值，为什么？为什么不直接移取试样进行测定，而要将试样稀释后再移取溶液进行测定？

实验18 酸性高锰酸钾法测定化学需氧量

【实验目的】

(1) 初步了解环境分析的重要性及水样的采集和保存方法。
(2) 掌握酸性高锰酸钾法测定化学需氧量的原理及方法。
(3) 了解水样的化学需氧量与水体污染的关系。

【实验原理】

水样的需氧量是水质污染程度的主要指标之一,分为生物需氧量(biological oxygen demand, BOD)和化学需氧量(chemical oxygen demand, COD)两种。BOD是指水中有机物质发生生物过程时所需要的氧的量;COD是以化学方法测量水样中需要被氧化的还原性物质的量,如废水、废水处理厂出水和受污染的水中,能被强氧化剂氧化的物质(一般为有机物)的氧当量。在河流污染和工业废水性质的研究以及废水处理厂的运行管理中,COD是一个重要且能较快测定的有机物污染参数。通常COD是指在特定条件下,用强氧化剂处理水样时消耗的氧化剂的量,常用每升水消耗O_2的量$(mg \cdot L^{-1})$表示。

水样的COD与测试条件有关,因此应严格控制反应条件,按规定的操作步骤进行测定。水中的还原性物质有各种有机物、亚硝酸盐、硫化物、亚铁盐等,但主要是有机物。因此,COD通常作为衡量水中有机物质含量的指标。COD越大,说明水体受有机物的污染越严重。随着测定水样中还原性物质及测定方法的不同,COD的测定值也不同。目前应用最普遍的是酸性高锰酸钾法与重铬酸钾法。高锰酸钾法的氧化率较低,但比较简便。当测定水样中有机物的含量相对较大时,可以采用重铬酸钾法,氧化率高,再现性好,适用于测定水样中有机物的总量。在测定条件下水中不含氮的有机物质易被高锰酸钾氧化,而含氮的有机物质比较难分解。因此,天然水或含容易被氧化的有机物的一般废水适合测定耗氧量,而成分较复杂的有机工业废水则常测定COD。在饮用水标准中,Ⅰ类和Ⅱ类水COD$\leqslant$15 mg·L^{-1}、Ⅲ类水COD$\leqslant$20 mg·L^{-1}、Ⅳ类水COD$\leqslant$30 mg·L^{-1}、Ⅴ类水COD$\leqslant$40 mg·L^{-1}。COD的数值越大,表明水体的污染情况越严重。

酸性高锰酸钾法测定水样COD的流程如下:在酸性条件下,向水样中加入过量的$KMnO_4$溶液,加热使其充分反应,然后向溶液中加入过量的$Na_2C_2O_4$标准溶液还原多余的$KMnO_4$,剩余的$Na_2C_2O_4$再用$KMnO_4$溶液返滴定。根据$KMnO_4$

溶液的浓度和水样消耗 $KMnO_4$ 溶液的体积，计算水样的 COD。该法适合测定污染不十分严重的地面水和河水等的 COD。若水样中 Cl^- 含量较高，可加入 Ag_2SO_4 消除干扰，也可改用碱性高锰酸钾法进行测定。有关反应式为

$$4MnO_4^- + 5C + 12H^+ = 4Mn^{2+} + 5CO_2\uparrow + 6H_2O$$

$$2MnO_4^- + 5C_2O_4^{2-} + 16H^+ = 2Mn^{2+} + 10CO_2\uparrow + 8H_2O$$

式中：C 泛指水中的还原性物质或需氧物质，主要为有机物。

根据反应的计量关系，可知 COD 的计算公式为

$$COD = \frac{\left[\frac{5}{4}c_{MnO_4^-}(V_1+V_2)_{MnO_4^-} - \frac{1}{2}(cV)_{C_2O_4^{2-}}\right]M_{O_2}}{V_{水样}}$$

式中：V_1 为第一次加入 $KMnO_4$ 标准溶液的体积；V_2 为第二次加入 $KMnO_4$ 标准溶液的体积。

【仪器与试剂】

1. 仪器

台秤，分析天平，酸式滴定管，移液管，烧杯，称量瓶，容量瓶，砂芯漏斗，表面皿，棕色试剂瓶，锥形瓶。

2. 试剂

$0.02\ mol\cdot L^{-1}\ KMnO_4$ 标准溶液，$0.002\ mol\cdot L^{-1}\ KMnO_4$ 标准溶液(准确移取 25.00 mL $0.02\ mol\cdot L^{-1}\ KMnO_4$ 标准溶液于 250 mL 容量瓶中，加去离子水稀释至刻度，摇匀)，$0.005\ mol\cdot L^{-1}\ Na_2C_2O_4$ 标准溶液(准确称取 0.16～0.18 g 在 105℃ 烘干 2 h 并冷却的 $Na_2C_2O_4$ 基准物质，置于烧杯中，用适量去离子水溶解后，定量转移至 250 mL 容量瓶中，加去离子水稀释至刻度，摇匀。按实际称取质量计算其准确浓度)，$6\ mol\cdot L^{-1}\ H_2SO_4$ 溶液。

【实验步骤】

1. $KMnO_4$ 标准溶液的配制和标定

参见实验 17，在表 4.3 中记录消耗 $KMnO_4$ 标准溶液的体积，计算 $KMnO_4$ 标准溶液的浓度，取平均值并计算相对平均偏差。

2. COD 的测定

视水质污染程度取水样 10～100 mL 于 250 mL 锥形瓶中(水样采集后，应加

入 H_2SO_4 溶液使 pH<2，以抑制微生物繁殖。试样尽快分析，必要时 0~5℃保存，并在 48 h 内测定。取水样的量由外观可初步判断：洁净透明的水样取 100 mL，污染严重、浑浊的水样取 1~30 mL，补加去离子水至 100 mL)，加入 5 mL 6 mol·L^{-1} H_2SO_4 溶液，再用滴定管或移液管准确加入 10.00 mL 0.002 mol·L^{-1} $KMnO_4$ 标准溶液，尽快加热溶液至沸，并准确煮沸 10 min(紫红色不应褪去，否则应增加 $KMnO_4$ 标准溶液的用量)。取下锥形瓶，冷却 1 min 后，准确加入 10.00 mL 0.005 mol·L^{-1} $Na_2C_2O_4$ 标准溶液，充分摇匀(此时溶液应为无色，否则应增加 $Na_2C_2O_4$ 标准溶液的用量)。趁热用 0.002 mol·L^{-1} $KMnO_4$ 标准溶液滴定至溶液呈微红色。平行滴定 3 次，在表 4.4 中记录 $KMnO_4$ 标准溶液的体积，计算 $KMnO_4$ 标准溶液的浓度，取平均值并计算相对偏差和相对平均偏差。

另取 100 mL 去离子水代替水样进行实验，操作同上。在表 4.4 中记录数据，计算空白值，并在计算 COD 时将空白值减去。

【注意事项】

(1) 在返滴定过量 $Na_2C_2O_4$ 时，要求消耗的试液最好为 4~6 mL。若消耗试液的体积过大或过小，需要重新确定水样的取样体积。

(2) 在水浴上加热完毕后，溶液仍应保持红色。若红色很浅或全部褪去，说明使用量不够，此时应将水样取样量减少。

(3) 用直火加热煮沸 10 min 可代替沸水浴 30 min，但应做对照实验。

(4) 滴定温度应保持在 60~80℃。滴定必须趁热进行，若溶液温度过低，需适当加热。

【数据处理】

表 4.3　$KMnO_4$ 标准溶液的标定

编号	1	2	3
$m_{Na_2C_2O_4}$ /g			
V_{KMnO_4} /mL			
c_{KMnO_4} /(mol·L^{-1})			
$\bar{c}_{KMnO_4}$ /(mol·L^{-1})			
相对偏差/%			
相对平均偏差/%			

表 4.4 COD 的测定

编号	1	2	3
$V_{水样}$ /mL			
V_{KMnO_4} /mL			
$V_{Na_2C_2O_4}$ /mL			
COD/(mg·L^{-1})			
$\overline{COD}$ /(mg·L^{-1})			
空白值/(mg·L^{-1})			
校正后的 COD/(mg·L^{-1})			

【思考题】

(1) 水样的采集及保存应当注意哪些事项？

(2) 水样中加入 KMnO$_4$ 溶液煮沸后，若紫红色褪去，说明什么？应如何处理？

(3) 水样中氯离子的含量高时，为什么对测定有干扰？如何消除？

(4) 水样 COD 的测定有什么意义？有哪些测定 COD 的方法？

实验 19 高锰酸钾间接滴定法测定补钙制剂中钙含量

【实验目的】

(1) 掌握用高锰酸钾法测定钙含量的原理及方法。

(2) 了解沉淀分离的基本要求及操作。

【实验原理】

钙片的主要成分为碳酸钙，还含有甘露醇、乳糖、淀粉、维生素 D、甜橙香精、柠檬酸、阿斯巴甜(含苯丙氨酸)和苋菜红。钙主要以碳酸钙形式存在，碳酸钙可与 HCl 发生反应而溶解。钙的测定方法有酸碱滴定法(返滴定)、配位滴定法(直接滴定)和氧化还原滴定法(间接滴定)，以及原子吸收光谱法、电化学分析法等。

某些金属离子(如碱土金属离子、Pb^{2+}、Cd^{2+}等)与乙二酸根形成难溶的乙二酸盐沉淀。沉淀经过滤、洗净后，再用稀硫酸溶液将其溶解，然后用高锰酸钾标准溶液滴定释放出来的 H$_2$C$_2$O$_4$，即可间接测定这些金属离子的含量。以钙离子为例，反应式如下：

$$Ca^{2+} + C_2O_4^{2-} = CaC_2O_4 \downarrow$$

$$CaC_2O_4 + H_2SO_4 = CaSO_4 + H_2C_2O_4$$

$$5H_2C_2O_4 + 2MnO_4^- + 6H^+ = 2Mn^{2+} + 10CO_2 \uparrow + 8H_2O$$

用该法可测定某些补钙制剂中的钙含量，分析结果与标示量吻合。

【仪器与试剂】

1. 仪器

分析天平，干燥器，称量瓶，烧杯，水浴锅，漏斗，量杯，酸式滴定管，洗瓶。

2. 试剂

$0.02\ mol \cdot L^{-1}\ KMnO_4$ 标准溶液，$0.05\ mol \cdot L^{-1} (NH_4)_2C_2O_4$ 溶液，$7\ mol \cdot L^{-1}$ 氨水，$6\ mol \cdot L^{-1}\ HCl$ 溶液，$1\ mol \cdot L^{-1}\ H_2SO_4$ 溶液，$1\ g \cdot L^{-1}$ 甲基橙指示剂，$0.1\ mol \cdot L^{-1}\ AgNO_3$ 溶液，补钙制剂。

【实验步骤】

$KMnO_4$ 标准溶液的标定参见实验 17，在表 4.5 中记录消耗 $KMnO_4$ 标准溶液的体积，计算 $KMnO_4$ 标准溶液的浓度，取平均值并计算相对平均偏差。

准确称取补钙制剂 2 份(每份含钙约 0.05 g)，分别置于 100 mL 烧杯中，加入适量去离子水及 2～5 mL $6\ mol \cdot L^{-1}\ HCl$ 溶液，轻轻摇动烧杯，小火加热促使其溶解。稍后于溶液中加入 2～3 滴甲基橙指示剂，再滴加 $7\ mol \cdot L^{-1}$ 氨水至溶液由红色变为黄色，趁热逐滴加入约 50 mL $0.05\ mol \cdot L^{-1}(NH_4)_2C_2O_4$ 溶液，在低温电热板(或水浴)上陈化 30 min。

冷却后过滤(先将上层清液倾入漏斗中)，将烧杯中的沉淀洗涤数次后转入漏斗中，继续洗涤沉淀至无 Cl^- (承接洗液在 HNO_3 介质中用 $AgNO_3$ 溶液检查)。将带有沉淀的滤纸铺在原烧杯的内壁上，用 50 mL $1\ mol \cdot L^{-1}\ H_2SO_4$ 溶液将沉淀从滤纸上洗入烧杯中。再用洗瓶洗 2 次，加入去离子水使总体积约 100 mL，加热至 70～80℃，用 $0.02\ mol \cdot L^{-1}\ KMnO_4$ 标准溶液滴定至溶液呈淡红色，再将滤纸放入溶液中，若溶液褪色，则继续滴定，直至出现的淡红色保持 30 s 不褪色即为终点。在表 4.6 中记录数据，并计算补钙制剂中的钙含量。

【数据处理】

表 4.5　$KMnO_4$ 标准溶液的标定

编号	1	2	3
$m_{Na_2C_2O_4}$ /g			
V_{KMnO_4} /mL			
c_{KMnO_4} /(mol·L^{-1})			
$\bar{c}_{KMnO_4}$ /(mol·L^{-1})			
相对偏差/%			
相对平均偏差/%			

表 4.6　补钙制剂中钙含量的测定

编号	1	2	3
$m_{试样}$ /g			
V_{KMnO_4} /mL			
$w_{钙}$ /%			
$\bar{w}_{钙}$ /%			

【注意事项】

(1) 注意滴定速度，防止滴定过量。

(2) 实验时，必须将滤纸上的沉淀洗涤干净，滤纸一定要放入烧杯中一起滴定。

【思考题】

(1) 用 $(NH_4)_2C_2O_4$ 沉淀 Ca^{2+} 时，pH 应控制为多少？为什么？

(2) 加入 $(NH_4)_2C_2O_4$ 时，为什么要在热溶液中逐滴加入？

(3) 洗涤乙二酸钙沉淀时，为什么要洗至无 Cl^-？

(4) 试比较高锰酸钾法和配位滴定法测定 Ca^{2+} 的优缺点。

第二节　碘　量　法

碘量法是以碘作为氧化剂或以碘化物(如碘化钾)作为还原剂进行滴定的方法，用于测定物质含量。极微量的碘与多羟基化合物淀粉相遇立即形成深蓝色配合物，因此可作为指示剂，这一性质在碘量法中得到应用。

碘量法分为直接碘量法和间接碘量法，其中间接碘量法又分为剩余碘量法和置换碘量法。

碘量法可用于测定水中游离氯、总氯、溶解氧，气体中硫化氢，食品中维生素 C、葡萄糖等物质的含量。碘量法是环境、食品、医药、冶金、化工等领域最常用的监测方法之一。

碘量法的注意事项如下：

(1) 适用 pH 范围 2~9：淀粉指示剂在弱酸性介质中最灵敏，当 pH>9 时，I_2 易发生歧化反应生成 IO^-、IO_3^-，而 IO^-、IO_3^- 不与淀粉发生显色反应；当 pH<2 时，淀粉易水解成糊精，糊精遇 I_2 显红色，该显色反应可逆性差。

(2) 使用直链淀粉：直链淀粉必须有 I^- 存在，才能遇碘变蓝色；支链淀粉遇碘显紫色，且颜色变化不敏锐。

(3) 50%乙醇存在时不变色：醇类的存在降低指示剂的灵敏度，在 50%以上的乙醇中，淀粉甚至不与碘发生显色反应。

(4) 随着温度升高，淀粉指示剂变色的灵敏度降低。

(5) 大量电解质存在也会使其灵敏度降低甚至失效。

(6) 淀粉指示剂最好现用现配，不宜久存，若在淀粉指示剂中加入少量碘化汞或氯化锌，以及甘油、甲酰胺等防腐剂，可延长储存时间。配制时将淀粉混悬液煮至半透明，加热时间不宜过长，并迅速冷却至室温。

(7) 为防止 I_2 的挥发，应加入过量的 KI，使 I_2 形成 I_3^- 配离子，增大了 I_2 在水中的溶解度。

(8) 反应温度不宜过高，一般在室温下进行。

(9) 间接碘量法最好在碘量瓶中进行，反应完全后立即滴定，切勿剧烈振动。

(10) 为了防止 I^- 被空气中的 O_2 氧化，溶液酸度不宜过高，光及 Cu^{2+}、NO_2^- 等能催化 I^- 被空气中的 O_2 氧化，应将析出 I_2 的反应瓶置于暗处并预先除去干扰离子。

实验 20　间接碘量法测定铜合金中铜含量

【实验目的】

(1) 掌握 $Na_2S_2O_3$ 标准溶液的配制及标定方法。
(2) 了解间接碘量法测定铜的原理。
(3) 学习铜合金试样的分解方法。

【实验原理】

铜合金种类较多，主要有黄铜和各种青铜。铜合金中铜的含量一般采用碘量法测定。

在弱酸性(pH 为 3~4)溶液中，Cu^{2+} 与过量的 KI 作用，生成 CuI 沉淀和 I_2，析出 I_2 可以淀粉为指示剂，用 $Na_2S_2O_3$ 标准溶液滴定。有关反应式为

$$2Cu^{2+} + 4I^- \rightleftharpoons 2CuI\downarrow + I_2$$

或

$$2Cu^{2+} + 5I^- \rightleftharpoons 2CuI\downarrow + I_3^-$$

$$I_2 + 2S_2O_3^{2-} \rightleftharpoons 2I^- + S_4O_6^{2-}$$

Cu^{2+} 与 I^- 的反应是可逆的，任何引起 Cu^{2+} 浓度减小(如形成配合物等)或 CuI 溶解度增大的因素均使反应不完全，加入过量 KI，可使 Cu^{2+} 的还原趋于完全。但是，CuI 沉淀强烈吸附 I_3^-，又会使结果偏低。通常的办法是在近终点时加入硫氰酸盐，将 CuI($K_{sp} = 1.1\times10^{-12}$)转化为溶解度更小的 CuSCN($K_{sp} = 4.8\times10^{-15}$)沉淀。在沉淀的转化过程中，吸附的 I_3^- 被释放出来，从而被 $Na_2S_2O_3$ 溶液滴定，使分析结果的准确度提高。

硫氰酸盐应在接近终点时加入，否则 SCN^- 会还原大量存在的 I_2，致使测定结果偏低。溶液的 pH 应控制在 3.0~4.0。酸度过低，Cu^{2+} 易水解，使反应不完全，结果偏低，而且反应速率慢，终点拖长；酸度过高，则 I^- 被空气中的 O_2 氧化为 I_2(Cu^{2+} 催化此反应)，使结果偏高。

Fe^{3+} 能氧化 I^-，对测定有干扰，可加入 NH_4HF_2 掩蔽。NH_4HF_2($NH_4F \cdot HF$)是一种很好的缓冲溶液，因 HF 的 $K_a = 6.6\times10^{-4}$，故能使溶液的 pH 保持在 3.0~4.0。

【仪器与试剂】

1. 仪器

分析天平，干燥器，称量瓶，烧杯，水浴锅，漏斗，量杯，酸式滴定管，洗瓶。

2. 试剂

$200\ g\cdot L^{-1}$ KI 溶液，$1\ mol\cdot L^{-1}$ NH_4SCN 溶液，30% H_2O_2 溶液，Na_2CO_3 固体，纯铜(纯度>99.9%)，$0.01667\ mol\cdot L^{-1}$ $K_2Cr_2O_7$ 标准溶液，KIO_3 基准物质，$1\ mol\cdot L^{-1}$ H_2SO_4 溶液，$6\ mol\cdot L^{-1}$ HCl 溶液，$200\ g\cdot L^{-1}$ NH_4HF_2 缓冲溶液，$7\ mol\cdot L^{-1}$ HAc 溶液，$7\ mol\cdot L^{-1}$ 氨水，黄铜试样，$0.1\ mol\cdot L^{-1}$ $Na_2S_2O_3$ 标准溶液(称取 25 g $Na_2S_2O_3 \cdot 5H_2O$ 于烧杯中，加入 300~500 mL 新煮沸并冷却的去离子水，溶解后，加入约 0.1 g Na_2CO_3，用新煮沸且冷却的去离子水稀释至 1 L，储存于棕色试剂瓶中，在暗处放置 3~5 天后标定)，$5\ g\cdot L^{-1}$ 淀粉溶液(称取 0.5 g 可溶性淀粉，加少量去离子水，搅匀，再加入 100 mL 沸去离子水，搅匀。若需久置，可加入少量 HgI_2 或 H_3BO_3 作防腐剂)。

【实验步骤】

1. $Na_2S_2O_3$ 标准溶液的标定

1) 用 $K_2Cr_2O_7$ 标准溶液标定

准确移取 25.00 mL $K_2Cr_2O_7$ 标准溶液于锥形瓶中，加入 5 mL 6 mol·L^{-1} HCl 溶液、5 mL 200 g·L^{-1} KI 溶液，摇匀，在暗处放置 5 min 后(使其反应完全)，加入 50 mL 去离子水，用待标定的 $Na_2S_2O_3$ 标准溶液滴定至淡黄色，然后加入 3 mL 5 g·L^{-1} 淀粉指示剂，继续滴定至溶液呈现亮绿色即为终点，变色过程如图 4.1 所示。平行滴定 3 次，计算 $c_{Na_2S_2O_3}$。

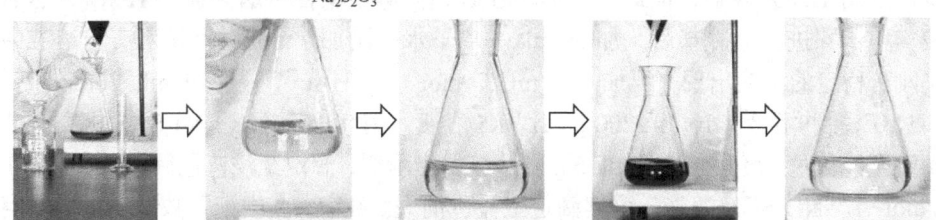

图 4.1 重铬酸钾标定硫代硫酸钠的变色过程

2) 用纯铜标定

准确称取 0.2 g 左右纯铜，置于 250 mL 烧杯中，加入约 10 mL 6 mol·L^{-1} HCl 溶液，在摇动条件下逐滴加入 2~3 mL 30% H_2O_2 溶液(H_2O_2 不应过量太多)，至金属铜分解完全。加热，将多余的 H_2O_2 分解除尽(用纯铜标定 $Na_2S_2O_3$ 标准溶液时，加入的 H_2O_2 一定要赶尽，根据实践经验，开始冒小气泡，然后冒大气泡，表示 H_2O_2 已赶尽，否则无法测准，这是很关键的一步操作)，然后定量转入 250 mL 容量瓶中，加去离子水稀释至刻度，摇匀。

准确移取 25.00 mL 铜溶液于 250 mL 锥形瓶中，滴加 7 mol·L^{-1} 氨水至刚好产生沉淀，然后加入 8 mL 7 mol·L^{-1} HAc 溶液、10 mL 200 g·L^{-1} NH_4HF_2 溶液、10 mL 200 g·L^{-1} KI 溶液，用 0.1 mol·L^{-1} $Na_2S_2O_3$ 标准溶液滴定至淡黄色，随后加入 3 mL 5 g·L^{-1} 淀粉溶液，继续滴定至浅蓝色。加淀粉不能太早，因滴定反应中产生大量的 CuI 沉淀，若淀粉与 I_2 过早形成蓝色配合物，大量 I_3^- 被 CuI 沉淀吸附，终点呈较深的灰色，不易观察。再加入 10 mL 1 mol·L^{-1} NH_4SCN 溶液，继续滴定至溶液的蓝色消失即为终点，记录消耗 $Na_2S_2O_3$ 标准溶液的体积，计算 $Na_2S_2O_3$ 标准溶液的浓度。加入 NH_4SCN 也不能太早，而且加入后要剧烈摇动，有利于沉淀的转化和释放出 CuI 吸附的 I_3^-。

3) 用 KIO_3 基准物质标定

准确称取 0.8917 g KIO_3 基准物质于烧杯中，加去离子水溶解后，定量转入 250 mL 容量瓶中，加去离子水稀释至刻度，充分摇匀。准确移取 25.00 mL KIO_3 标准溶液 3 份，分别置于 3 个 250 mL 锥形瓶中，各加入 10 mL 200 g·L^{-1} KI 溶液、5 mL

$1\ mol\cdot L^{-1}\ H_2SO_4$ 溶液,加去离子水稀释至约 100 mL,立即用待标定的 $Na_2S_2O_3$ 标准溶液滴定至浅黄色,然后加入 3 mL 5 $g\cdot L^{-1}$ 淀粉溶液,继续滴定至蓝色变为无色即为终点,在表 4.7 中记录数据。

2. 铜合金中铜含量的测定

准确称取 0.10~0.15 g 黄铜试样(质量分数为 80%~90%),置于 250 mL 锥形瓶中,加入 10 mL 6 $mol\cdot L^{-1}$ HCl 溶液,滴加约 2 mL 30% H_2O_2 溶液,加热使试样溶解完全后,继续加热使 H_2O_2 完全分解,然后煮沸 1~2 min。试样若不含 Sn,也可采用 HNO_3 分解,但最后应加(1+1)H_2SO_4 蒸发至冒白烟,赶尽 HNO_3,然后按实验步骤进行。冷却后,加 60 mL 去离子水,滴加 7 $mol\cdot L^{-1}$ 氨水直至溶液中刚刚有稳定的沉淀出现,再加入 8 mL 7 $mol\cdot L^{-1}$ HAc 溶液、10 mL 200 $g\cdot L^{-1}$ NH_4HF_2 缓冲溶液、10 mL 200 $g\cdot L^{-1}$ KI 溶液,用 0.1 $mol\cdot L^{-1}$ $Na_2S_2O_3$ 标准溶液滴定至浅黄色。随后加入 3 mL 5 $g\cdot L^{-1}$ 淀粉指示剂,滴定至浅蓝色后,加入 10 mL 1 $mol\cdot L^{-1}$ NH_4SCN 溶液,继续滴定至蓝色消失。在表 4.8 中记录数据,并根据滴定消耗 $Na_2S_2O_3$ 标准溶液的体积计算 Cu 的质量分数。

【数据处理】

表 4.7　$Na_2S_2O_3$ 标准溶液的标定(以 $K_2Cr_2O_7$ 标定为例)

编号	1	2	3
$m_{K_2Cr_2O_7}$ /g			
$V_{K_2Cr_2O_7}$ /mL			
$c_{K_2Cr_2O_7}$ /(mol·L^{-1})			
$V_{Na_2S_2O_3}$ /mL			
$c_{Na_2S_2O_3}$ /(mol·L^{-1})			
$\bar{c}_{Na_2S_2O_3}$ /(mol·L^{-1})			
相对偏差/%			
相对平均偏差/%			

表 4.8　铜合金中铜含量的测定

编号	1	2	3
$m_{黄铜}$ /g			
$V_{Na_2S_2O_3}$ /mL			
w_{Cu} /%			
$\bar{w}_{Cu}$ /%			
相对偏差/%			
相对平均偏差/%			

【思考题】

(1) 碘量法测定铜时，为什么常加入 NH_4HF_2？为什么临近终点时加入 NH_4SCN(或 KSCN)？

(2) 已知 $E^{\ominus}_{Cu^{2+}/Cu^+}$ = 0.159 V，$E^{\ominus}_{I_3^-/I^-}$ = 0.545 V，为什么本实验中 Cu^{2+} 却能将 I^- 氧化为 I_2？

(3) 铜合金试样能否用 HNO_3 分解？本实验采用 HCl 和 H_2O_2 分解试样，试写出反应式。

(4) 碘量法测定铜为什么要在弱酸性介质中进行？用 $K_2Cr_2O_7$ 标定 $S_2O_3^{2-}$ 标准溶液时，先加入 5 mL 6 mol·L^{-1} HCl 溶液，而用 $Na_2S_2O_3$ 标准溶液滴定时却要加入去离子水稀释，为什么？

(5) 用纯铜标定 $Na_2S_2O_3$ 标准溶液时，如用 HCl 溶液加 H_2O_2 分解铜，最后 H_2O_2 未分解尽，则对标定 $Na_2S_2O_3$ 标准溶液的浓度有什么影响？

(6) 标定 $Na_2S_2O_3$ 标准溶液的基准物质有哪些？用 $K_2Cr_2O_7$ 标定 $Na_2S_2O_3$ 标准溶液时，终点时的亮绿色是什么物质的颜色？

实验 21　直接碘量法测定维生素 C 制剂及果蔬中抗坏血酸含量

【实验目的】

(1) 掌握碘标准溶液的配制和标定方法。

(2) 了解直接碘量法测定抗坏血酸的原理和方法。

【实验原理】

维生素 C 又称抗坏血酸，分子式为 $C_6H_8O_6$。维生素 C 具有还原性，可被 I_2 定量氧化，因而可用 I_2 标准溶液直接滴定。其滴定反应式为 $C_6H_8O_6 + I_2 \Longrightarrow C_6H_6O_6 + 2HI$。用直接碘量法可测定药片、注射液、饮料、蔬菜、水果等的维生素 C 含量。

由于维生素 C 的还原性很强，较易被溶液和空气中的 O_2 氧化，在碱性介质中这种氧化作用更强，因此滴定宜在酸性介质中进行，以减少副反应的发生。考虑到 I^- 在强酸性溶液中也易被氧化，故一般选在 pH 3~4 的弱酸性溶液中滴定。

【仪器与试剂】

1. 仪器

分析天平，干燥器，称量瓶，烧杯，水浴锅，漏斗，量杯，酸式滴定管，洗瓶。

2. 试剂

$0.05\ mol \cdot L^{-1}\ I_2$ 标准溶液(称取 $3.2\ g\ I_2$ 和 $5\ g\ KI$，置于研钵中，加少量去离子水，在通风橱中研磨。待 I_2 全部溶解后，将溶液转入棕色试剂瓶中，加去离子水稀释至 250 mL，充分摇匀，置于暗处保存)，$0.01\ mol \cdot L^{-1}\ Na_2S_2O_3$ 标准溶液(标定方法同实验 20)，As_2O_3 基准物质，$2\ g \cdot L^{-1}$ 淀粉溶液，$2\ mol \cdot L^{-1}\ HAc$ 溶液，固体维生素 C 试样(维生素 C 药片)，$0.020\ mol \cdot L^{-1}\ K_2Cr_2O_7$ 标准溶液，$0.002\ mol \cdot L^{-1}\ KIO_3$ 标准溶液，果蔬试样(如西红柿、橙子、草莓等)，$200\ g \cdot L^{-1}\ KI$ 溶液，$6\ mol \cdot L^{-1}\ NaOH$ 溶液，$2\ g \cdot L^{-1}$ 酚酞指示剂，$6\ mol \cdot L^{-1}\ HCl$ 溶液，$NaHCO_3$ 固体。

【实验步骤】

1. I_2 标准溶液的标定

1) As_2O_3 标定 I_2 标准溶液

准确称取 $1.1\sim1.4\ g\ As_2O_3$ 基准物质，置于 100 mL 烧杯中，加 10 mL $6\ mol \cdot L^{-1}$ NaOH 溶液，温热溶解，然后加 2 滴酚酞指示剂，用 $6\ mol\ L^{-1}$ HCl 溶液中和至刚好无色，再加入 $2\sim3\ g\ NaHCO_3$，搅拌使其溶解。定量转移至 250 mL 容量瓶中，加去离子水稀释至刻度，摇匀。准确移取 25.00 mL 溶液 3 份，分别置于 250 mL 锥形瓶中，加 50 mL 去离子水、$5\ g\ NaHCO_3$、3 mL $2\ g \cdot L^{-1}$ 淀粉溶液，用 I_2 标准溶液滴定至稳定的蓝色且保持 30 s 不褪色即为终点。平行滴定 3 次，计算 I_2 标准溶液的浓度。

2) $Na_2S_2O_3$ 标准溶液标定 I_2 标准溶液

准确移取 25.00 mL $0.01\ mol \cdot L^{-1}\ Na_2S_2O_3$ 标准溶液于 250 mL 锥形瓶中，加 50 mL 去离子水、3 mL $2\ g \cdot L^{-1}$ 淀粉溶液，然后用 I_2 标准溶液滴定至溶液呈浅蓝色且保持 30 s 不褪色即为终点，滴定终点如图 4.2 所示。平行滴定 3 份，将数据记录在表 4.9 中，计算 I_2 标准溶液的浓度。

2. 维生素 C 药片中维生素 C 含量的测定

准确称取 0.2 g 研碎的维生素 C 药片，置于 250 mL 锥形瓶中，加入 100 mL 新煮沸并冷却的去离子水、10 mL $2\ mol \cdot L^{-1}$ HAc 溶液和 3 mL $2\ g \cdot L^{-1}$ 淀粉溶液，立即用 I_2 标准溶液滴定至出现稳定的浅蓝色且保持 30 s 不褪色即为终点。平行滴定 3 次，记录消耗 I_2 标准溶液的体积，计算试样中维生素 C 的质量分数。

图 4.2 硫代硫酸钠标定碘的变色过程

3. 果蔬试样中维生素 C 含量的测定

准确称取 50 g 捣碎的果蔬试样(如草莓,用搅拌机打成糊状)于 100 mL 干燥烧杯中,将其转入 250 mL 锥形瓶中,用去离子水冲洗烧杯 1~2 次。向锥形瓶中加入 10 mL 2 mol·L^{-1} HAc 溶液和 3 mL 2 g·L^{-1} 淀粉溶液,然后用 I_2 标准溶液滴定至溶液由红色变为蓝紫色即为终点,如图 4.3 所示。将数据记录在表 4.10 中,计算维生素 C 的含量。

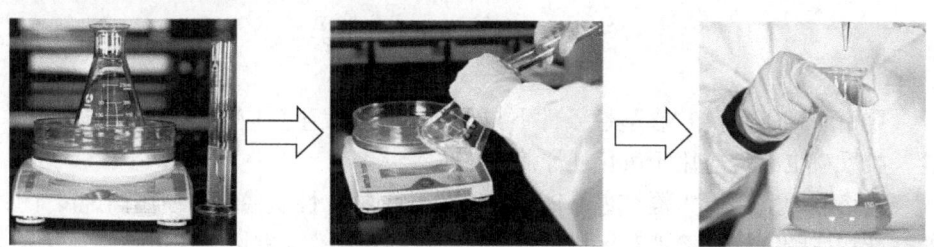

图 4.3 果蔬试样中维生素 C 含量的测定

【数据处理】

表 4.9 I_2 标准溶液的标定

编号	1	2	3
$c_{Na_2S_2O_3}$/(mol·L^{-1})			
$V_{Na_2S_2O_3}$/mL			
V_{I_2}/mL			

编号	1	2	3
c_{I_2} /(mol·L^{-1})			
$\bar{c}_{I_2}$ /(mol·L^{-1})			
相对偏差/%			
相对平均偏差/%			

表 4.10 果蔬试样中维生素 C 含量的测定

编号	1	2	3
$m_{果蔬试样}$ /g			
V_{I_2} /mL			
维生素 C 含量/[mg·(100 g)$^{-1}$]			
维生素 C 含量平均值/[mg·(100 g)$^{-1}$]			
相对偏差/%			
相对平均偏差/%			

【思考题】

(1) 溶解 I_2 时，加入过量 KI 的作用是什么？

(2) 溶解维生素 C 固体试样时，为什么要加入新煮沸并冷却的去离子水？

(3) 碘量法的误差来源有哪些？应采取哪些措施减小误差？

第三节 重铬酸钾法

重铬酸钾（$K_2Cr_2O_7$）在酸性条件下与还原性物质发生反应，自身还原成 Cr^{3+}。这一类反应也经常应用于氧化还原滴定。

重铬酸钾室温下为橙红色晶体，是一类致癌物。性质稳定，使用高纯度干燥的基准物质配制标准溶液时无需标定。与高锰酸钾类似，重铬酸钾也是强氧化剂，同样需要在酸性条件下使用。重铬酸钾用于氧化还原滴定，其优点是易于提纯、性质稳定，能用作基准物质，干燥后可配制。但该物质有毒且致癌，使用时需要注意安全防护，使用后不可随意倾倒，应在教师指导下回收或处理。

实验 22 重铬酸钾法测定亚铁盐中铁含量

【实验目的】

(1) 学习重铬酸钾法测定亚铁盐中铁含量的原理和操作步骤。

(2) 了解重铬酸钾的性质和使用方法,增强实验室安全意识和环保意识。

(3) 了解二苯胺磺酸钠指示剂的作用原理。

【实验原理】

亚铁盐即含有亚铁离子的盐。$FeSO_4$ 是一种典型的亚铁盐,其无水化合物为白色粉末,含有结晶水时为浅绿色晶体。

以二苯胺磺酸钠为指示剂,用 $K_2Cr_2O_7$ 标准溶液滴定至溶液呈紫色,即为终点。反应式如下:

$$6Fe^{2+} + Cr_2O_7^{2-} + 14H^+ = 6Fe^{3+} + 2Cr^{3+} + 7H_2O$$

二苯胺磺酸钠指示剂原理如下:

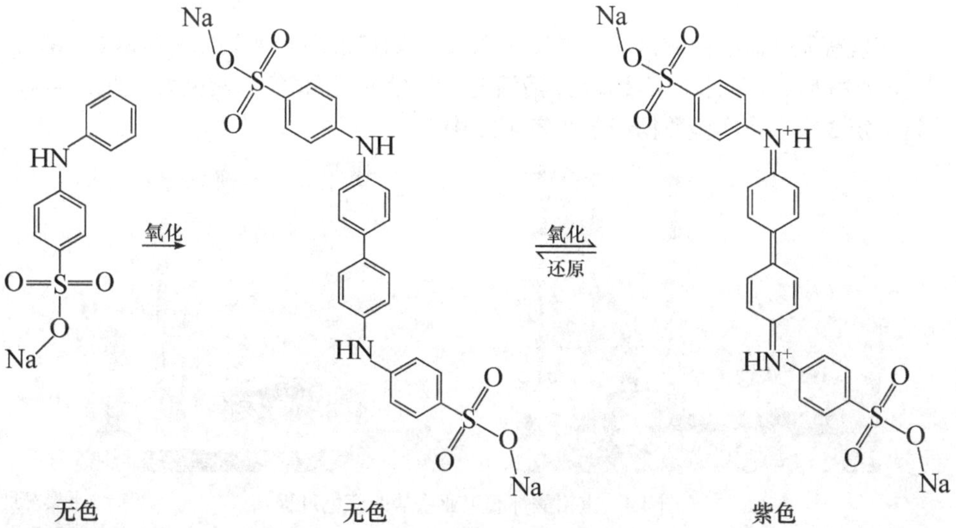

重铬酸钾与亚铁离子的反应,其电位突跃范围为 0.93~1.34 V,而二苯胺磺酸钠的变色点为 0.85 V。为了使指示剂的变色点与滴定突跃范围相匹配,反应体系需加入硫磷混酸,形成 $Fe(HPO_4)_2^-$ 配合物,降低 Fe^{3+}/Fe^{2+} 电对的电极电位,使突跃范围向下扩大,从而使滴定终点落入突跃范围之内。

【仪器与试剂】

1. 仪器

酸式滴定管,烧杯,移液管,容量瓶,锥形瓶,分析天平。

2. 试剂

硫磷混酸(将15 mL 浓硫酸缓缓加入 70 mL 去离子水中,冷却后加入15 mL H_3PO_4,混匀),$2 g \cdot L^{-1}$ 二苯胺磺酸钠指示剂,$K_2Cr_2O_7$ 基准物质,亚铁盐试样。

【实验步骤】

1. $K_2Cr_2O_7$ 标准溶液的配制

准确称取 0.6～0.7 g $K_2Cr_2O_7$ 于烧杯中,加入适量去离子水溶解后定量转移至 250 mL 容量瓶中,用去离子水稀释至刻度,摇匀。

2. 亚铁盐的称量和溶解

准确称取 0.4～0.5 g 亚铁盐试样 3 份于 250 mL 锥形瓶中,加入 50 mL 去离子水充分溶解。

3. 亚铁盐中铁含量的测定

在盛有亚铁盐溶液的锥形瓶中加入 20 mL 硫磷混酸和 4 滴二苯胺磺酸钠指示剂,立即用 $K_2Cr_2O_7$ 标准溶液滴定,溶液先变为绿色,至稳定的紫色为终点(图 4.4)。平行测定 3 次,将实验数据记录在表 4.11 中。

图 4.4　重铬酸钾滴定亚铁盐的变色过程

【数据处理】

计算 $K_2Cr_2O_7$ 标准溶液的浓度。

$$c_{K_2Cr_2O_7} = \frac{m_{K_2Cr_2O_7} \times 1000}{M_{K_2Cr_2O_7} \times 250}$$

表 4.11　亚铁盐中铁含量的测定

$m_{K_2Cr_2O_7} = $ _____ g,　$c_{K_2Cr_2O_7} = $ _____ mol·L^{-1}

编号	1	2	3
$m_{亚铁盐}$ /g			
$V_{K_2Cr_2O_7}$ /mL			

续表

编号	1	2	3
$w_{Fe}/\%$			
$\bar{w}_{Fe}/\%$			
相对偏差/%			
相对平均偏差/%			

列出计算亚铁盐中铁含量的完整公式，代入消耗 $K_2Cr_2O_7$ 标准溶液的体积及有关数据，计算出亚铁盐中的铁含量。

【注意事项】

(1) 滴定过程中生成的 Fe^{3+} 呈黄色，影响终点观察，若在溶液中加入 H_3PO_4，与 Fe^{3+} 生成无色的 $[Fe(HPO_4)_2]^-$，可掩蔽 Fe^{3+}。同时由于 $[Fe(HPO_4)_2]^-$ 的生成，Fe^{3+}/Fe^{2+} 电对的条件电位降低，指示剂可在突跃范围内变色，从而减小滴定误差。
(2) 为防止亚铁离子被空气中的氧化性物质氧化，应注意控制滴定节奏和时间。
(3) 重铬酸钾溶液不能随意倾倒，应在教师指导下按要求回收处理。

【思考题】

(1) $K_2Cr_2O_7$ 为什么可以作为基准物质？
(2) 亚铁盐试样中铁含量的参考理论值如何推算？

实验 23 重铬酸钾法测定铁矿石中铁含量

【实验目的】

(1) 学习重铬酸钾法测定铁矿石中铁含量的原理和操作步骤。
(2) 了解无汞定铁法，增强环保意识。
(3) 了解二苯胺磺酸钠指示剂的作用原理。

【实验原理】

铁矿石是工业生产的重要原材料，含铁量高的高品质铁矿石可以为工业生产提高效率。铁矿石的种类很多，用于炼铁的主要有磁铁矿（Fe_3O_4）、赤铁矿（Fe_2O_3）和菱铁矿（$FeCO_3$）等。一般铁元素的质量分数低于 50% 的铁矿石需要经过选矿才能冶炼利用。铁矿石粉末如图 4.5 所示。

测定铁矿石中铁含量的经典方法是重铬酸钾法(氯化亚锡-氯化汞-重铬酸钾)。此方法简便、准确，但氯化汞是剧毒物质，会污染环境。

近年来研究出了多种无汞定铁法，本实验采用的就是其中一种无汞定铁法。铁矿石用 HCl 溶液溶解后，其中的铁转化为 Fe^{3+}。在强酸性条件下，Fe^{3+} 可被 $SnCl_2$ 还原为 Fe^{2+}。

图 4.5　铁矿石粉末

$$2FeCl_4^- + SnCl_4^{2-} + 2Cl^- = 2FeCl_4^{2-} + SnCl_6^{2-}$$

若在溶液中加入甲基橙指示剂，Sn^{2+} 将 Fe^{3+} 完全还原后会继续还原甲基橙，生成无色的氢化甲基橙，因此甲基橙可以指示 Fe^{3+} 的还原终点。氢化甲基橙继续被 Sn^{2+} 还原成 N,N-二甲基对苯二胺和对氨基苯磺酸钠，消耗掉多余的 Sn^{2+}。这一系列反应是不可逆的，因此甲基橙的还原产物不消耗 $K_2Cr_2O_7$。反应式如下：

$$(CH_3)_2N-\!\!\!\bigcirc\!\!\!-N=N-\!\!\!\bigcirc\!\!\!-SO_3Na + 2e^- + 2H^+ \longrightarrow$$

$$(CH_3)_2N-\!\!\!\bigcirc\!\!\!-HN-NH-\!\!\!\bigcirc\!\!\!-SO_3Na$$

$$(CH_3)_2N-\!\!\!\bigcirc\!\!\!-NH-NH-\!\!\!\bigcirc\!\!\!-SO_3Na + 2e^- + 2H^+ \longrightarrow$$

$$(CH_3)_2N-\!\!\!\bigcirc\!\!\!-HN_2 + HN_2-\!\!\!\bigcirc\!\!\!-SO_3Na$$

Fe^{3+} 全部还原后，以二苯胺磺酸钠为指示剂，用 $K_2Cr_2O_7$ 标准溶液滴定至溶液呈紫色，即为终点。反应式如下：

$$6Fe^{2+} + Cr_2O_7^{2-} + 14H^+ = 6Fe^{3+} + 2Cr^{3+} + 7H_2O$$

反应过程如图 4.6 所示。

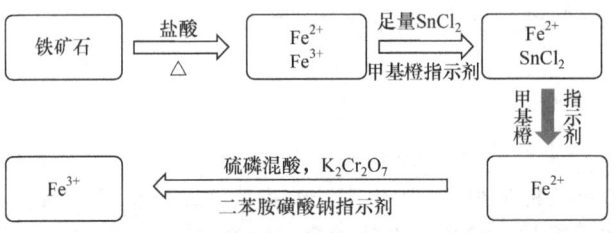

图 4.6　铁矿石样品处理及滴定过程

【仪器与试剂】

1. 仪器

酸式滴定管，烧杯，移液管，容量瓶，锥形瓶，漏斗，电炉，分析天平。

2. 试剂

$100\ g\cdot L^{-1}$ $SnCl_2$ 溶液(称取 $10\ g\ SnCl_2\cdot 2H_2O$ 溶于 40 mL 浓热 HCl 溶液中，加去离子水稀释至100 mL)，浓 HCl，硫酸混酸(将15 mL 浓硫酸缓缓加入 70 mL 去离子水中，冷却后加入 15 mL H_3PO_4，混匀)，铁矿石粉，$1\ g\cdot L^{-1}$ 甲基橙指示剂，$2\ g\cdot L^{-1}$ 二苯胺磺酸钠指示剂，$K_2Cr_2O_7$ 基准物质。

【实验步骤】

1. $K_2Cr_2O_7$ 标准溶液的配制

参见实验22。

2. 铁矿石的溶解

准确称取 $0.1\sim 0.12\ g$ 铁矿石粉 3 份于 250 mL 锥形瓶中，加入少量去离子水润湿，加入 10 mL 浓 HCl，盖上漏斗，控制温度均匀加热 $20\sim 30\ min$，避免沸腾。分解至试样无明显黑色残渣，加入 20 mL 水和 3 滴甲基橙指示剂，缓慢滴加 $100\ g\cdot L^{-1}$ $SnCl_2$ 溶液，溶液由橙色变为红色，再缓慢滴加 $SnCl_2$ 溶液至淡粉色。立即用流水冷却溶液。

3. 铁矿石中铁含量的测定

在冷却后的溶液中加入 50 mL 去离子水、20 mL 硫磷混酸和 4 滴二苯胺磺酸钠指示剂。立即用 $K_2Cr_2O_7$ 标准溶液滴定至出现稳定的紫色(参见实验 22)。平行测定 3 次，将实验数据记录在表 4.12 中。

【数据处理】

计算 $K_2Cr_2O_7$ 标准溶液的浓度。

$$c_{K_2Cr_2O_7} = \frac{m_{K_2Cr_2O_7}\times 1000}{M_{K_2Cr_2O_7}\times 250}$$

表 4.12 铁矿石中铁含量的测定

$m_{K_2Cr_2O_7}=$ _____ g，$c_{K_2Cr_2O_7}=$ _____ $mol \cdot L^{-1}$

编号	1	2	3
$m_{铁矿石}$ /g			
$V_{铁矿石}$ /mL			
$V_{K_2Cr_2O_7}$ /mL			
w_{Fe} /%			
$\bar{w}_{Fe}$ /%			
相对偏差/%			
相对平均偏差/%			

列出计算铁矿石中铁含量的完整公式，代入消耗 $K_2Cr_2O_7$ 标准溶液的体积及有关数据，计算出铁矿石中的铁含量。

$$w_{Fe}=\frac{6c_{K_2Cr_2O_7}\times V_{K_2Cr_2O_7}\times 10^{-3}\times M_{Fe}}{m_{铁矿石}}\times 100\%$$

【注意事项】

(1) 反应在 HCl 介质中进行，还原时 HCl 浓度以 4 $mol \cdot L^{-1}$ 左右为宜。浓度高于 6 $mol \cdot L^{-1}$ 时，Sn^{2+} 先还原甲基橙，使实验结果出现偏差，Cl^- 浓度过高也可能消耗 $K_2Cr_2O_7$。浓度低于 2 $mol \cdot L^{-1}$ 时，甲基橙褪色缓慢。

(2) 滴定过程中生成的 Fe^{3+} 呈黄色，影响终点观察，若在溶液中加入 H_3PO_4，与 Fe^{3+} 生成无色的 $[Fe(HPO_4)_2]^-$，可掩蔽 Fe^{3+}。由于 $[Fe(HPO_4)_2]^-$ 的生成，Fe^{3+}/Fe^{2+} 电对的条件电位降低，滴定突跃增大，指示剂可在突跃范围内变色，从而减小滴定误差。

(3) 用 $SnCl_2$ 还原 Fe^{3+} 时，溶液温度不能太低，否则反应速率慢，黄色褪去不易观察，从而易使 $SnCl_2$ 过量。

(4) 重铬酸钾溶液不能随意倾倒，应在教师指导下按要求回收处理。

【思考题】

(1) $K_2Cr_2O_7$ 为什么可以直接配制准确浓度的溶液？

(2) 用 $K_2Cr_2O_7$ 标准溶液滴定前为什么要加入磷酸？

(3) 加入的 $SnCl_2$ 过量会造成什么影响？

(4) 分解铁矿石时,若加热至沸腾会产生什么影响?

实验 24　重铬酸钾法测定水样 COD

【实验目的】

(1) 掌握重铬酸钾法测定 COD 的方法。
(2) 与高锰酸钾法测定 COD 对比学习,加深对两种氧化滴定剂使用的理解。
(3) 了解 COD 的有关知识,增强环境保护意识。

【实验原理】

如实验 18 所介绍的,水样的化学需氧量(COD)是水质污染程度的主要指标之一,往往作为衡量水中有机物质含量的指标。COD 常用的化学分析方法有高锰酸钾法和重铬酸钾法。

重铬酸钾法是指在强酸性条件下,向水样中加入过量的 $K_2Cr_2O_7$,使其与水样中的还原性物质充分反应,剩余的 $K_2Cr_2O_7$ 以试亚铁灵(邻二氮菲和硫酸亚铁的混合溶液)为指示剂,用硫酸亚铁铵标准溶液返滴定。根据消耗 $K_2Cr_2O_7$ 标准溶液的体积和浓度,计算水样的 COD。氯离子干扰测定,可在回流前加硫酸银除去。其反应式为

$$Cr_2O_7^{2-} + 6Fe^{2+} + 14H^+ =\!=\!= 2Cr^{3+} + 6Fe^{3+} + 7H_2O$$

【仪器与试剂】

1. 仪器

酸式滴定管,碱式滴定管,移液管,吸量管,容量瓶,锥形瓶,分析天平,玻璃回流装置,量筒。

2. 试剂

$0.25\ mol \cdot L^{-1}\ K_2Cr_2O_7$ 标准溶液(准确称取 12.258 g 干燥过的重铬酸钾基准物质,溶于去离子水,定容至 1000 mL),浓硫酸,试亚铁灵指示剂[称取 1.485 g 邻二氮菲和 0.695 g 硫酸亚铁($FeSO_4 \cdot 7H_2O$)溶解,稀释至 100 mL,储存于棕色试剂瓶中],$0.1\ mol \cdot L^{-1}$ 硫酸亚铁铵[$(NH_4)_2Fe(SO_4)_2 \cdot 6H_2O$]标准溶液(称取 39.2 g 硫酸亚铁铵溶于水中,边搅拌边缓慢滴入 20 mL 浓硫酸,冷却后稀释至 1000 mL,储存于棕色试剂瓶中),硫酸-硫酸银溶液(于 500 mL 浓硫酸中加入 5 g 硫酸银,放置 1~2 天,充分溶解),硫酸汞固体,用于校核实验的邻苯二甲酸氢钾溶液(准确称取 0.4251 g 干燥过的邻苯二甲酸氢钾基准物质,定容至 1000 mL。该标准溶液

的 COD 理论值为 500 mg·L^{-1}），废水水样。

【实验步骤】

1. 硫酸亚铁铵标准溶液的标定

准确移取 10.00 mL K$_2$Cr$_2$O$_7$ 标准溶液于锥形瓶中，稀释至约 100 mL，加入 30 mL 浓硫酸和 3 滴试亚铁灵指示剂，用硫酸亚铁铵标准溶液滴定，溶液由黄色先变为蓝绿色，最后变为红棕色即为终点。平行测定 3 次，将实验数据记录在表 4.13 中，计算硫酸亚铁铵标准溶液的浓度。

2. 水样 COD 的测定

取 20.00 mL 废水水样，置于 250 mL 磨口回流锥形瓶中，用吸量管准确加入 10.00 mL K$_2$Cr$_2$O$_7$ 标准溶液，加入搅拌子和适量沸石，在回流装置上方缓慢加入 30 mL 硫酸-硫酸银溶液，缓缓搅拌均匀后加热回流 2 h。K$_2$Cr$_2$O$_7$ 标准溶液应为足量，如加热后溶液呈绿色，则证明需要稀释废水水样或加大 K$_2$Cr$_2$O$_7$ 标准溶液的用量。如果废水中氯离子含量较高，则需要在回流时加入 0.4 g 硫酸汞。冷却后，用约 50 mL 水冲洗冷凝管壁，取下锥形瓶，使最终液体总量为 140 mL 左右。冷却至室温后，加入 3 滴试亚铁灵指示剂，用硫酸亚铁铵标准溶液标定，在表 4.14 中记录消耗硫酸亚铁铵标准溶液的体积 V。

取同样体积去离子水，重复上述流程做空白实验，将消耗硫酸亚铁铵标准溶液的体积记为 V_0，记录在表 4.14 中。

取同样体积邻苯二甲酸氢钾溶液，重复上述流程做校核实验。

本方法适用于 COD 适中的水样。对于 COD 较低（5～50 mg·L^{-1}）的水样，应将两种标准溶液均稀释 10 倍使用；对于 COD 超过 700 mg·L^{-1} 的水样，需要合理稀释后再进行实验。

【数据处理】

表 4.13　硫酸亚铁铵标准溶液的标定

$m_{K_2Cr_2O_7} = $ _____ g，$c_{K_2Cr_2O_7} = $ _____ mol·L^{-1}

编号	1	2	3
$V_{(NH_4)_2Fe(SO_4)_2}$ /mL			
$c_{(NH_4)_2Fe(SO_4)_2}$ /(mol·L^{-1})			
$\bar{c}_{(NH_4)_2Fe(SO_4)_2}$ /(mol·L^{-1})			
相对偏差/%			
相对平均偏差/%			

计算硫酸亚铁铵标准溶液的浓度。

$$c_{(NH_4)_2Fe(SO_4)_2} = \frac{6 \times m_{K_2Cr_2O_7} \times 1000}{M_{K_2Cr_2O_7} V_{(NH_4)_2Fe(SO_4)_2}}$$

表 4.14 水样 COD 的测定

编号	1	2	3
V / mL			
V_0 / mL			
COD / (mg·L^{-1})			
$\overline{COD}$ / (mg·L^{-1})			
相对偏差/%			
相对平均偏差/%			

计算水样的 COD(以 O_2 计，mg·L^{-1})。

$$COD = \frac{c \times (V - V_0) \times 8}{V_{水样} \times 1000}$$

【注意事项】

(1) 浓硫酸的取用需要在教师管理下，在规定位置单独进行。

(2) 水样应新鲜采集并尽快分析，如需保存，需用硫酸酸化至 pH<2，置于冰箱中保存，且不超过 5 天。

(3) 润洗所用和剩余的重铬酸钾溶液不能随意倾倒，应在教师指导下按要求回收处理。

【思考题】

(1) 写出 COD 计算公式的推导过程。

(2) 对于 COD 值较高的水样，如何设计简单的实验确定其合理的稀释倍数？

第五章 重量分析法

重量分析法一般是用适当的方法将待测组分与试样中的其他组分进行分离，转化为一定的称量形式并称量其质量，由称得的物质的质量计算该组分在原试样中的含量。重量分析法通常分为沉淀重量法、气化法和电解法。

沉淀分析法最为常用，其基本流程包括试样的溶解、沉淀的制备、沉淀的过滤、沉淀的干燥和沉淀的称量等步骤。

重量分析法的特点是直接通过称量获得分析结果，不需要与标准试样或基准物质进行比较，分析结果准确度高，相对误差一般为±0.1%～±0.2%，常作为仲裁方法。其缺点是实验耗时长，操作烦琐。

实验 25　硫酸钡重量法测定钡盐中钡含量

【实验目的】

(1) 学习硫酸钡重量法测定钡盐中钡含量的原理及方法。
(2) 掌握晶形沉淀的制备方法。
(3) 掌握晶形沉淀的过滤、洗涤、灼烧和恒量等基本操作。

【实验原理】

基于 $BaSO_4$ 沉淀反应可以实现重量法测定 Ba^{2+} 的含量，也可以用于测定 SO_4^{2-} 的含量，统称为硫酸钡重量法。本实验采用硫酸钡重量法测定 $BaCl_2 \cdot 2H_2O$ 中钡的含量，实验流程如图 5.1 所示。

图 5.1　硫酸钡重量法实验流程

称取一定量的 $BaCl_2 \cdot 2H_2O$ 溶于去离子水中，加适量稀 HCl 溶液酸化，再加热至微沸。在不断搅拌的情况下，逐滴加入热的沉淀剂 H_2SO_4 并形成晶形沉淀。沉淀经陈化、过滤、洗涤、烘干、炭化、灰化和灼烧后，以 $BaSO_4$ 形式称量沉淀的质量。根据沉淀的质量可以计算出 $BaCl_2 \cdot 2H_2O$ 中钡的含量。

硫酸钡重量法通常以稀 HCl 溶液作为介质，一方面可以防止其他类型沉淀的产生，如 $BaCO_3$；另一方面适度提高酸度，可增加 $BaSO_4$ 在沉淀过程中的溶解度，降低其相对过饱和度，有利于获得较好的晶形沉淀。

$$分散度 = K \frac{c_Q - s}{s}$$

本实验选用稀 H_2SO_4 作为沉淀剂，为了确保 Ba^{2+} 完全以 $BaSO_4$ 形式沉淀，实验中沉淀剂需过量 50%～100%。沉淀剂 H_2SO_4 在高温下可分解挥发，不会给沉淀的质量带来误差。

【仪器与试剂】

1. 仪器

瓷坩埚，定量滤纸，玻璃漏斗，干燥器，马弗炉，水浴锅，电热板，表面皿，分析天平，烧杯。

2. 试剂

$0.1\ mol \cdot L^{-1}$、$1.0\ mol \cdot L^{-1}\ H_2SO_4$ 溶液，$2.0\ mol \cdot L^{-1}$ HCl 溶液，$2.0\ mol \cdot L^{-1}$ HNO_3 溶液，$0.1\ mol \cdot L^{-1}\ AgNO_3$ 溶液，$BaCl_2 \cdot 2H_2O$。

【实验步骤】

1. 沉淀的制备

准确称取 2 份 0.4～0.6 g $BaCl_2 \cdot 2H_2O$ 试样，分别置于 250 mL 烧杯中，依次加入 100 mL 去离子水、3 mL $2.0\ mol \cdot L^{-1}$ HCl 溶液，搅拌溶解，加热至近沸。

另取 2 个干净的 100 mL 烧杯，分别加入 4 mL $1.0\ mol \cdot L^{-1}\ H_2SO_4$ 溶液和 30 mL 去离子水，加热至近沸。趁热将 2 份 H_2SO_4 溶液分别逐滴加入热的 $BaCl_2$ 试样溶液中，并用玻璃棒不断搅拌，直到 2 份 H_2SO_4 溶液全部加完为止。待沉淀下沉后，在上清液中加入 1～2 滴 $0.1\ mol \cdot L^{-1}\ H_2SO_4$ 溶液，观察上清液中是否产生新的沉淀。确保沉淀完全后，盖上表面皿静置陈化。

2. 沉淀的过滤和洗涤

选用定量滤纸组装好过滤装置，采用倾泻法过滤上清液，再用 10 mL $0.1\ mol \cdot L^{-1}$ H_2SO_4 溶液洗涤沉淀 3～4 次。然后将沉淀定量转移到滤纸上，用沉淀帚由上到下擦拭烧杯内壁，并用滤纸角擦拭玻璃棒和烧杯内壁，将滤纸角一并放入漏斗中，继续用 $0.1\ mol \cdot L^{-1}\ H_2SO_4$ 溶液洗涤 4～6 次，用 $0.1\ mol \cdot L^{-1}\ AgNO_3$ 溶液检测漏斗下端流出液，直到不含 Cl^- 为止。

3. 空坩埚的恒量

将两个洁净的瓷坩埚放在马弗炉中灼烧至恒量(两次称量坩埚质量相差不超过±0.4 mg)，灼烧温度控制在 800℃，灼烧时间第一次为 40 min，第二次及以后每次灼烧 20 min。要注意的是，灼烧后的瓷坩埚要置于干燥器中冷却至室温后才能进行称量。将称量的质量记录在表 5.1 中。

4. 沉淀的灼烧和恒量

将折叠好的沉淀滤纸包置于已经恒量的瓷坩埚中，在电热板上烘干、炭化、灰化后置于马弗炉中灼烧至恒量。称量沉淀的质量并记录在表 5.1 中。

【数据处理】

表 5.1　沉淀法测定钡盐中钡含量

实验流程	记录内容	第 1 份	第 2 份
试样称量	$m_{BaCl_2 \cdot 2H_2O}$ /g		
坩埚恒量	第一次称量/g		
	第二次称量/g		
	质量差值/g		
沉淀恒量	第一次称量/g		
	第二次称量/g		
	质量差值/g		
沉淀称量	m_{BaSO_4} /g		
结果计算	w_{Ba} /%		
方法评价	平均值/%		
	理论值/%		
	相对偏差/%		

【注意事项】

(1) 注意干燥器的规范使用方法，避免上盖脱落。

(2) 取用经高温灼烧的坩埚时注意不要烫伤。

(3) 沉淀开始生成后及陈化过程中玻璃棒不能取出，更不能混用。

【思考题】

(1) 实验测定值比理论值偏大、偏小的可能原因有哪些？

(2) 查阅资料，简要说明灼烧沉淀的温度为什么选在 800℃。

实验 26 微波干燥重量法测定可溶性钡盐中钡含量

【实验目的】

(1) 了解测定可溶性钡盐中钡含量的原理和方法。
(2) 掌握晶形沉淀的制备方法及重量分析的基本操作。
(3) 学习微波技术在重量分析法中的应用。

【实验原理】

微波干燥重量法原理同传统的灼烧法(实验 25)，不同之处在于本实验使用微波炉干燥恒量 $BaSO_4$ 沉淀。

与传统加热方式相比，微波法加热具有加热迅速、均匀的特点，既可以节约时间和能源，又可以改善加热效果。需要注意的是，本方法干燥时间短，导致沉淀中可能包藏的高沸点杂质(如 H_2SO_4)难以分解或挥发。因此，在沉淀过程中对沉淀条件和沉淀洗涤操作要求更为严格，包括将待测试样溶液进一步稀释，沉淀剂过量控制在 20%~50%，控制沉淀剂滴加速度等。

【仪器与试剂】

1. 仪器

微波炉，循环水真空泵，G4 砂芯坩埚，干燥器，分析天平。

2. 试剂

同实验 25。

【实验步骤】

1. 空坩埚恒量

将 G4 砂芯坩埚洗净，用循环水真空泵抽滤 2 min 除去玻璃砂板微孔中的水分。用滤纸擦去坩埚外壁的水分，将坩埚置于微波炉中。用高功率加热干燥 6~10 min(干燥时间与选用功率有关)，然后放入干燥器中冷却 12~15 min 至室温，在分析天平中快速称量；再次微波加热，干燥 3~4 min，冷却至室温后称量，直至恒量(两次干燥后称量质量之差不超过 0.4 mg)，将空坩埚质量记录在表 5.2 中。

2. 沉淀的制备

参见实验 25。

3. 沉淀的处理

新制备的 $BaSO_4$ 沉淀陈化后，用恒量的 G4 砂芯坩埚减压过滤并洗涤。然后将盛有沉淀的坩埚置于微波炉中进行干燥，操作步骤同空坩埚的恒量。将实验数据记录在表 5.2 中。

【数据处理】

表 5.2 微波法测定钡盐中钡含量

实验流程	记录内容	第 1 份	第 2 份
试样称量	$m_{BaCl_2 \cdot 2H_2O}$/g		
坩埚恒量	第一次称量/g		
	第二次称量/g		
	质量差值/g		
沉淀恒量	第一次称量/g		
	第二次称量/g		
	质量差值/g		
沉淀称量	m_{BaSO_4}/g		
结果计算	w_{Ba}/%		
方法评价	平均值/%		
	理论值/%		
	相对偏差/%		

【注意事项】

(1) 微波加热时要将坩埚外壁的水分去除，避免炉内湿度过大。
(2) 微波炉和真空泵在使用前请阅读使用说明，注意规范操作。

【思考题】

与实验 25 灼烧恒量法相比，微波恒量法的优势是什么？

实验 27 重量法测定水样中硫酸盐含量

【实验目的】

(1) 学习重量法测定水样中硫酸盐含量的原理及方法。

(2) 掌握沉淀的制备、过滤、烘干等基本操作。

【实验原理】

在 HCl 溶液中，硫酸盐与加入的 $BaCl_2$ 反应生成 $BaSO_4$ 沉淀。沉淀反应在接近沸腾的温度下进行，并在陈化一段时间之后过滤，用水洗到无氯离子，烘干或灼烧沉淀，称量硫酸钡的质量。

干扰分析：样品中如有悬浮物、二氧化硅、硝酸盐和亚硝酸盐可使结果偏高。碱金属硫酸盐，特别是碱金属硫酸氢盐常使结果偏低。铁和铬等影响硫酸钡完全沉淀，形成铁和铬的硫酸盐也使结果偏低。

在酸性介质中进行沉淀可以防止碳酸钡和磷酸钡沉淀，但是酸度高会使硫酸钡沉淀的溶解度增大。

样品预处理时，在酸性条件下煮沸可以将亚硫酸盐和硫化物分别以二氧化硫和硫化氢的形式赶出；如果预处理时产生单体硫则应该将其过滤，以免影响测定结果。

【仪器与试剂】

1. 仪器

烘箱，马弗炉，干燥器，分析天平，水浴锅，瓷坩埚，定量滤纸，电热板，烧杯，量筒。

2. 试剂

(1+1)盐酸，100 $g \cdot L^{-1}$ 氯化钡溶液，1 $g \cdot L^{-1}$ 甲基红指示剂，0.1 $mol \cdot L^{-1}$ 硝酸银溶液，水样试样。

【实验步骤】

1. 样品预处理

将量取的适量水样试样置于 500 mL 烧杯中，加 2 滴甲基红指示剂，调节溶液呈橙黄色，再加 2 mL 盐酸，加水使烧杯中溶液的总体积至 200 mL，加热煮沸至少 5 min。

2. 沉淀的制备

将预处理后的试样溶液加热至沸，在不断搅拌下缓慢加入热氯化钡溶液，直到不再出现沉淀，再多加 2 mL，在 80～90℃下保持不少于 2 h 或室温至少放置 6 h，最好过夜以陈化沉淀。

3. 沉淀灼烧或烘干

1)灼烧沉淀法

用定量滤纸过滤后，热水洗涤并转移沉淀，用几份少量温水反复洗涤沉淀，直至洗涤液不含氯化物。将滤纸和沉淀一起置于预先在 800℃灼烧恒量的瓷坩埚中烘干，小心灰化滤纸后，将坩埚移入马弗炉中，在 800℃灼烧 1 h，置于干燥器内冷却，称量，直至干燥至恒量。将实验数据记录在表 5.3 中。

2)烘干沉淀法

用在 105℃干燥并已恒量的熔结玻璃坩埚过滤沉淀，用玻璃棒及温水将沉淀定量转移到坩埚中，用几份少量温水反复洗涤沉淀，直至洗涤液不含氯化物。取下坩埚，在烘箱内于(105 ± 2)℃干燥 1～2 h，置于干燥器内冷却，称量，直至干燥至恒量。将实验数据记录在表 5.3 中。

洗涤过程中氯化物的检验：在含有少量硝酸银溶液的烧杯中收集等量的洗涤液，如果没有沉淀生成或不显浑浊，即表明沉淀中已不含氯离子。

【数据处理】

表 5.3　水样中硫酸盐含量测定

实验流程	记录内容	第 1 份	第 2 份
试样称量	水样体积/L		
坩埚恒量	第一次称量/g		
	第二次称量/g		
	质量差值/g		
沉淀恒量	第一次称量/g		
	第二次称量/g		
	质量差值/g		
沉淀称量	硫酸钡的质量/g		
结果计算	SO_4^{2-} 含量/(mg·L^{-1})		
方法评价	平均值/%		
	相对偏差/%		

【注意事项】

(1) 氯化钡有毒，注意试剂安全。

(2) 从马弗炉中取出坩埚时注意控制温度,避免烫伤。

【思考题】

(1) 样品预处理为什么选择甲基红作指示剂?
(2) 根据实验结果分析测定结果偏低或偏高的可能原因。

实验 28　丁二酮肟有机试剂沉淀重量法测定镍含量

【实验目的】

(1) 了解有机沉淀剂在重量分析法中的应用。
(2) 掌握重量分析法的基本操作。

【实验原理】

丁二酮肟是二元弱酸,分子式为 $C_4H_8O_2N_2$,摩尔质量为 116.2 $g \cdot mol^{-1}$,结构式如图 5.2 所示。研究表明,在氨性酒石酸溶液(pH 8~9)中丁二酮肟可与 Ni^{2+} 发生沉淀反应。

沉淀经过滤、洗涤,在 120℃下烘干至恒量,称量丁二酮肟镍沉淀的质量。根据沉淀的质量即可计算 Ni 的质量分数。

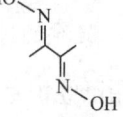

图 5.2　丁二酮肟的结构式

干扰分析:丁二酮肟是一种高选择性的有机沉淀剂,仅能与 Ni^{2+}、Pd^{2+}、Fe^{2+} 生成沉淀。Co^{2+}、Cu^{2+} 与丁二酮肟生成水溶性配合物,导致丁二酮肟的消耗,因此当二者含量较高时需要进行预分离。此外,Fe^{2+}、Al^{3+} 等离子在氨性溶液中生成氢氧化物沉淀,干扰测定,因此在向溶液中加氨水前需加入柠檬酸或酒石酸等配位剂,使其生成水溶性配合物。

【仪器与试剂】

1. 仪器

G4 砂芯坩埚,烘箱,电热板,电子天平,分析天平,烧杯,量筒,表面皿。

2. 试剂

混合酸($HCl + HNO_3 + H_2O$, 3 + 1 + 2, 体积比), 500 $g \cdot L^{-1}$ 柠檬酸或酒石酸, 10 $g \cdot L^{-1}$ 丁二酮肟(乙醇溶液), 7.0 $mol \cdot L^{-1}$ 氨水, 6.0 $mol \cdot L^{-1}$ HCl 溶液, 2.0 $mol \cdot L^{-1}$ HNO_3 溶液, 0.1 $mol \cdot L^{-1}$ $AgNO_3$, NH_3-NH_4Cl 洗涤液(每 100 mL 去离子水中加入 1 mL 氨水和 1 g NH_4Cl), 20 $g \cdot L^{-1}$ 氨性酒石酸溶液(pH 8~9), 钢铁试样。

【实验步骤】

1. 试样溶解

准确称取钢铁试样(含 Ni 30～80 mg)2 份,分别置于 500 mL 烧杯中,加入 20～40 mL 混合酸,盖上表面皿,低温加热溶解后,煮沸除去氮氧化物。

2. 沉淀的制备

向试样中加入 5～10 mL 酒石酸溶液,在不断搅拌下滴加氨水至溶液 pH 为 8～9,此时溶液为蓝绿色。向溶液中加入 HCl 溶液酸化,用热去离子水稀释至 300 mL,加热至 70～80℃,在不断搅拌下加入丁二酮肟乙醇溶液沉淀 Ni^{2+},再多加 20～30 mL 沉淀剂。然后在不断搅拌下滴加氨水溶液,使溶液的 pH 为 8～9,在 60～70℃下恒温 30～40 min。

3. 坩埚恒量

将砂芯坩埚洗净,置于烘箱中 130～150℃下烘 1 h,冷却至室温后称量砂芯坩埚质量,再烘干至恒量。将实验数据记录在表 5.4 中。

4. 沉淀的过滤

用已经恒量的砂芯坩埚进行减压过滤,用微氨性的酒石酸溶液洗涤烧杯和沉淀 5～8 次,再用温热水洗涤沉淀至无 Cl^- 为止。

5. 沉淀的烘干及称量

将带有沉淀的砂芯坩埚置于烘箱中 130～150℃烘 1 h,冷却后称量,再烘干至恒量。将实验数据记录在表 5.4 中。

【数据处理】

表 5.4 重量法测定镍含量

实验流程	记录内容	第 1 份	第 2 份
试样称量	钢铁试样质量/g		
坩埚恒量	第一次称量/g		
	第二次称量/g		
	质量差值/g		
沉淀恒量	第一次称量/g		
	第二次称量/g		
	质量差值/g		
沉淀称量	丁二酮肟镍的质量/g		

实验流程	记录内容	第1份	第2份
结果计算	w_{Ni}/%		
方法评价	平均值/%		
	相对偏差/%		

【注意事项】

氨水能导致烧伤，刺激眼睛、呼吸系统和皮肤。

【思考题】

试估算本实验将消耗多少丁二酮肟乙醇溶液。

实验29 四苯硼酸钾重量法测定肥料中钾含量

【实验目的】

(1) 了解四苯硼酸钾重量法的原理。
(2) 掌握重量分析法的基本操作。

【实验原理】

钾肥又称钾素肥料，其肥效一般以钾含量或氧化钾含量表示。

在弱碱性溶液中，四苯硼酸钠溶液与试样溶液中的钾离子生成四苯硼酸钾沉淀，将沉淀过滤、干燥及称量，流程如图5.3所示。

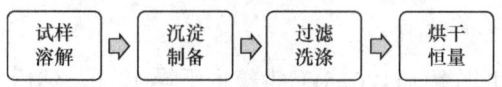

图5.3 重量分析法(沉淀烘干法)流程

干扰分析：试样中若含有氰氨基化物或有机物，可先加溴水和活性炭处理。为了防止阳离子干扰，可预先加入适量的EDTA，使阳离子与EDTA生成配合物。

沉淀剂：四苯硼酸钠，结构式如图5.4所示。

【仪器与试剂】

1. 仪器

坩埚，烘箱，干燥器，电子天平，烧杯，锥形瓶，容量瓶。

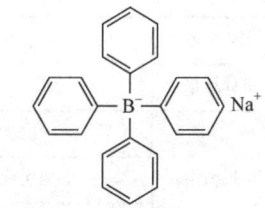

图5.4 四苯硼酸钠的结构式

2. 试剂

15 g·L^{-1} 四苯硼酸钠溶液，40 g·L^{-1} EDTA 溶液，400 g·L^{-1} 氢氧化钠溶液，5%溴水，1.5 g·L^{-1} 四苯硼酸钠洗涤液，5 g·L^{-1} 酚酞指示剂，活性炭，肥料试样。

【实验步骤】

1. 试样溶液的准备

称取含氧化钾约 400 mg 的肥料试样 2 份，置于 250 mL 锥形瓶中，加 150 mL 水，加热煮沸 30 min，冷却，定量转移到 250 mL 容量瓶中，用去离子水稀释至刻度，干过滤，弃去最初 50 mL 滤液。

2. 试液的处理

准确移取 25.00 mL 上述滤液置于 250 mL 烧杯中，加 20 mL EDTA 溶液(视阳离子含量情况可以适当增减加入量)，加 2～3 滴酚酞指示剂，滴加氢氧化钠溶液至红色出现，再过量 1 mL，在通风橱内缓慢加热煮沸 15 min，然后放置冷却或用流水冷却至室温，若红色消失，再用氢氧化钠溶液调至红色。

3. 沉淀的制备及过滤

在不断搅拌下向上述试样溶液中逐滴加入四苯硼酸钠溶液，加入量为每含 1 mg 氧化钾加四苯硼酸钠溶液 0.5 mL，并过量约 7 mL。继续搅拌 1 min，静置 15 min 以上，用倾泻法将沉淀过滤于 120℃下预先恒量的坩埚式过滤器内，用四苯硼酸钠洗涤液洗涤沉淀 5～7 次，每次用量约 5 mL，最后用水洗涤 2 次，每次用量 5 mL。

4. 沉淀的干燥及称量

将盛有沉淀的坩埚置于(120±5)℃烘箱中干燥 1.5 h，然后置于干燥器内冷却，称量。将实验数据记录在表 5.5 中。

【数据处理】

表 5.5　重量法测定钾含量

实验流程	记录内容	第 1 份	第 2 份
试样称量	试样质量/g		
坩埚恒量	第一次称量/g		
	第二次称量/g		
	质量差值/g		

续表

实验流程	记录内容	第1份	第2份
沉淀恒量	第一次称量/g		
	第二次称量/g		
	质量差值/g		
沉淀称量	四苯硼酸钾的质量/g		
结果计算	w_{K_2O}/%		
方法评价	平均值/%		
	相对偏差/%		

【注意事项】

四苯硼酸钠具有毒性，应注意试剂安全。

【思考题】

为什么四苯硼酸钠溶液需过量 7 mL？四苯硼酸钠溶液过多或过少可能引起什么问题？

实验30　8-羟基喹啉重量法测定合金中铝含量

【实验目的】

(1) 了解 8-羟基喹啉重量法测定铝的原理。
(2) 掌握重量分析法的基本操作。

【实验原理】

试样用盐酸和硝酸溶解，在还原性乙酸介质中，用苯甲酸铵沉淀铝，将沉淀过滤分离。用盐酸、酒石酸溶解苯甲酸铝沉淀，在乙酸铵缓冲介质中，用 8-羟基喹啉沉淀铝，将沉淀过滤、洗净、干燥后称量。

沉淀剂：8-羟基喹啉，结构式如图 5.5 所示。

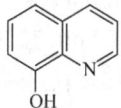

图 5.5　8-羟基喹啉的结构式

【仪器与试剂】

1. 仪器

坩埚，烘箱，干燥器，电子天平，分析天平，烧杯，滤纸，容量瓶，表面皿，电热板。

2. 试剂

亚硫酸钠，浓氨水，(1+3)氨水，(1+3)盐酸，(3+1)硝酸，乙酸溶液(量取 100 mL 冰醋酸，用水稀释至 1000 mL)，混合溶液(称取 50 g 盐酸羟胺和 50 g 氯化铵，用 50 mL 冰醋酸及少量水溶解，冷却后用水稀释至 1000 mL)，100 g·L^{-1} 苯甲酸铵溶液(称取 100 g 苯甲酸铵溶于温水中，加 0.001 g 麝香草酚，冷却后用水稀释至 1000 mL)，苯甲酸铵洗涤液(量取 100 mL 100 g·L^{-1} 苯甲酸铵溶液，用 900 mL 水稀释，加 20 mL 冰醋酸混匀)，500 g·L^{-1} 酒石酸溶液，20 g·L^{-1} 8-羟基喹啉溶液(称取 20 g 8-羟基喹啉溶于 80 mL 冰醋酸，用水稀释至 1000 mL，用中速滤纸过滤，保存于棕色试剂瓶中)，600 g·L^{-1} 乙酸铵溶液，2.0 g·L^{-1} 溴酚蓝乙醇溶液，0.5 g·L^{-1} 中性红乙醇溶液，合金试样。

【实验步骤】

1. 试样溶液的准备

称取 0.5 g 合金试样(其中铝含量 1.5%～5.0%，若铝含量大于 5.0%，则需称量 1.0 g)2 份，置于 250 mL 烧杯中，盖上表面皿，加入 25 mL 水，缓慢加入 5 mL (1+3) 盐酸(如称样量为 1.0 g，则需加入 10 mL 盐酸)，加入 2 mL (3+1)硝酸，待反应缓慢后，加热至完全溶解，煮沸 1～2 min，用水稀释至约 50 mL。

如果铝的质量分数大于 5%，将试液转移到 250 mL 容量瓶中，用水稀释至刻度，混匀。准确移取 50.00 mL 试液于 250 mL 烧杯中。

2. 沉淀的制备及过滤

向试样溶液中加入 40 mL 水和 2～3 滴溴酚蓝乙醇溶液，用氨水中和至溶液变为紫色，加入 20 mL 混合溶液，在搅拌下缓慢加入 20 mL 苯甲酸铵溶液，继续搅拌加热至沸并保持微沸 5 min。用中速滤纸过滤，用煮沸的苯甲酸铵洗涤液洗涤烧杯和沉淀 8～10 次，弃去滤液。

将 50 mL 盐酸和 10 mL 酒石酸溶液混合，加热煮沸，分次将沉淀溶于原烧杯中，用热水洗涤滤纸 8～10 次，将洗涤液与主液合并，移入 400 mL 烧杯中，加入 1 g 亚硫酸钠，搅拌使其完全溶解。加数滴中性红乙醇溶液，用浓氨水调至溶液恰变为黄色。用水稀释试液至约 200 mL，加热至约 70℃。用乙酸溶液调至红色，在搅拌下缓慢加入 40 mL 8-羟基喹啉溶液和 50 mL 乙酸铵溶液，在约 70℃静置 30 min。

3. 沉淀的干燥及称量

用在 130℃恒量的坩埚式过滤器过滤含沉淀的试样溶液，用热水洗涤沉淀 6～

8次。在烘箱中于130℃干燥至恒量，置于干燥器中，冷却至室温后称量。将实验数据记录在表5.6中。

【数据处理】

表5.6 重量法测定合金中铝含量

实验流程	记录内容	第1份	第2份
试样称量	试样质量/g		
坩埚恒量	第一次称量/g		
	第二次称量/g		
	质量差值/g		
沉淀恒量	第一次称量/g		
	第二次称量/g		
	质量差值/g		
沉淀称量	8-羟基喹啉铝的质量/g		
结果计算	w_{Al}/%		
方法评价	平均值/%		
	相对偏差/%		

【思考题】

为什么不优先采用氧化铝作为称量形式进行铝的重量法测定？

本章课外拓展实验

(1) 试设计实验方案测量食品的含水量。

(2) 试设计实验方案测定食品的灰分值。

第六章 分光光度法

分光光度法是基于待测物质的分子对光具有选择性吸收的特点而建立起来的分析方法,包括比色分析法、可见分光光度法及紫外分光光度法等。与化学分析法中的滴定分析法、重量分析法相比,分光光度法具有以下特点。

1. 灵敏度高

分光光度法测定物质的最低浓度可达 $10^{-6} \sim 10^{-5}$ mol·L^{-1},相当于含量为 0.0001%~0.001%的微量组分。如果将待测组分加以富集,灵敏度还可提高 1~2 个数量级。该法适用于微量组分的测定。

2. 准确度高

一般分光光度法的相对误差为 2%~5%。

3. 操作简单,测定速度快

分光光度计仪器设备不复杂,操作简便。分光光度计及其基本部件如图 6.1 所示。如果采用灵敏度高、选择性好的显色剂,再采用掩蔽剂消除干扰,可以不经分离直接测定,测定速度快。

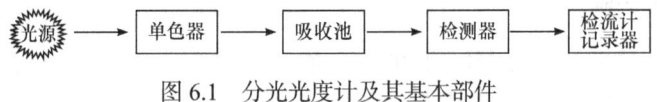

图 6.1 分光光度计及其基本部件

溶液对光的吸收程度与该溶液中吸光物质的浓度、液层厚度和入射光的强度有关。朗伯和比尔分别研究了光的吸收与溶液的液层厚度以及溶液浓度的定量关系,奠定了分光光度法的理论基础。分光光度法是以朗伯-比尔定律(Lambert-Beer law)作为理论基础,基于物质对光的选择吸收而建立起来的分析方法。

光吸收定律,即朗伯-比尔定律:

$$A = \varepsilon bc$$

式中:A 为吸光度;ε 为摩尔吸光系数;b 为液层厚度,cm;c 为溶液浓度,mol·L^{-1}。

实验31　分光光度法检测铁离子的条件实验及配位比的测定

【实验目的】

(1) 掌握分光光度计的使用方法。
(2) 学习分光光度法分析的实验条件的选择方法。

【实验原理】

在可见分光光度法的测定中，通常是将待测物质与显色剂反应，使其生成有色物质，然后测其吸光度，进而求得待测物质的含量。

显色反应的完全程度和吸光度的测量条件都会影响测量结果的准确性。为了使测定有较高的灵敏度和准确性，必须选择适宜的测定波长和显色条件。通常需要重点关注的显色条件包括：显色剂用量、显色反应条件(如溶液pH、温度等)、显色时间等。

本实验对邻二氮菲与铁的显色体系进行探究。邻二氮菲(phen)与 Fe^{2+} 生成稳定的橘红色配合物，其 $\lg K = 21.3$，摩尔吸光系数 $\varepsilon = 1.1 \times 10^4$，反应式如下：

$$Fe^{2+} + 3phen \rightleftharpoons Fe(phen)_3(橘红色)$$

如果铁为+3价时，可先用盐酸羟胺还原：

$$2Fe^{3+} + 2NH_2OH \cdot HCl = 2Fe^{2+} + N_2\uparrow + 2H_2O + 4H^+ + 2Cl^-$$

(加入盐酸羟胺摇匀，反应完全)

【仪器与试剂】

1. 仪器

TU1810型紫外-可见分光光度计，吸量管，碱式滴定管，石英比色皿，容量瓶。

2. 试剂

1.00×10^{-3} mol·L^{-1} 铁标准溶液[准确称取 0.4822 g $NH_4Fe(SO_4)_2 \cdot 12H_2O$ 置于烧杯中，用 80 mL 6 mol·L^{-1} HCl 溶液和少量去离子水溶解，将其定量转移到 1 L 容量瓶中，用去离子水稀释至刻度，摇匀]，100 g·L^{-1} 盐酸羟胺溶液，1.5 g·L^{-1} 邻二氮菲溶液，1 mol·L^{-1} 氢氧化钠溶液，1 mol·L^{-1} 乙酸钠溶液。

【实验步骤】

1. 测定吸收曲线得到最佳测量波长

准确吸取 0.00 mL 和 1.00 mL 铁标准溶液分别置于 2 个 50 mL 容量瓶中，加入 1.00 mL 盐酸羟胺溶液，摇匀，再加入 2.00 mL 邻二氮菲溶液、5.00 mL 乙酸钠溶液，用去离子水稀释至刻度，振荡，摇匀，静置 10 min。

在分光光度计上用 1 cm 比色皿，采用不加铁标准溶液的溶液为参比溶液(备用)，在 360~600 nm 以 1 nm 间隔自动测定吸光度，仪器自动给出吸收曲线。在最大吸光度处得到测量的适宜波长，在表 6.1 中记录最大吸收波长。

2. 溶液酸度的选择

在 7 个 50 mL 容量瓶中各加入 1.00 mL 铁标准溶液、1 mL 盐酸羟胺溶液，摇匀。加 2 mL 邻二氮菲溶液，用碱式滴定管分别加入 0.00 mL、1.00 mL、5.00 mL、10.00 mL、15.00 mL、20.00 mL、25.00 mL 氢氧化钠溶液，用去离子水稀释至刻度，摇匀，静置 10 min。以空白试剂为参比溶液，在最大吸收波长处测定吸光度。测完后保留容量瓶中的溶液测 pH。在表 6.2 中记录数据，绘制 A 与 pH 的关系曲线，找到最适宜的酸度范围。

3. 显色剂用量的选择

在 7 个 50 mL 容量瓶中各加入 1.00 mL 铁标准溶液、1 mL 盐酸羟胺溶液，摇匀。分别加入 0.10 mL、0.30 mL、0.50 mL、0.80 mL、1.00 mL、1.50 mL、2.00 mL 邻二氮菲溶液，然后各加 5 mL 乙酸钠溶液，用去离子水稀释至刻度，摇匀。在分光光度计上用 1 cm 比色皿，以去离子水为参比溶液测定吸光度。在表 6.3 中记录数据，绘制 A 与邻二氮菲体积 V 的关系曲线，得到显色剂最佳用量。

4. 配位比的测定

在 9 个 50 mL 容量瓶中各加入 1.00 mL 1.00×10^{-3} mol·L^{-1} 铁标准溶液、1 mL 盐酸羟胺溶液，分别加入 1.00 mL、1.50 mL、2.00 mL、2.50 mL、3.00 mL、3.50 mL、4.00 mL、4.50 mL、5.00 mL 10^{-3} mol·L^{-1} 邻二氮菲溶液，然后各加 5 mL 乙酸钠溶液，用去离子水稀释至刻度，摇匀。在分光光度计上用 1 cm 比色皿，以去离子水为参比溶液测定吸光度。在表 6.4 中记录数据，以 c_{phen}/c_{Fe} 为横坐标、A 为纵坐标绘图，从图中求出配位比(络合比)。

【数据处理】

表 6.1 吸收曲线的绘制

波长 λ/nm	360	400	440	480	520	560	600
吸光度 A							

表 6.2　溶液酸度与吸光度的关系

编号	1	2	3	4	5	6	7
V_{NaOH}/mL							
pH							
吸光度 A							

表 6.3　显色剂用量与吸光度的关系

编号	1	2	3	4	5	6	7
显色剂用量/mL							
吸光度 A							

表 6.4　邻二氮菲和铁的配位比与吸光度的关系

编号	1	2	3	4	5	6	7	8	9
c_{phen}/(mol·L^{-1})									
c_{phen}/c_{Fe}									
吸光度 A									

【注意事项】

(1) 吸量管专用。
(2) 比色皿的使用。
(3) 分光光度计的使用。
(4) 溶液的取用(摇匀—润洗—取液)。

【思考题】

(1) 本实验中，如何从吸收曲线上选取测定铁的最大吸收波长？
(2) 本实验中，乙酸钠和盐酸羟胺的作用分别是什么？
(3) 本实验采用什么溶液作为参比溶液？

实验 32　分光光度法检测铁离子浓度

【实验目的】

(1) 了解紫外-可见分光光度计的基本结构及使用方法。

(2) 掌握用紫外-可见分光光度法定量测定铁离子的原理及方法。

【实验原理】

实验原理参见实验 31。

本实验采用标准曲线法，控制适宜的反应条件，测定不同浓度铁离子与邻二氮菲充分结合显色后的吸光度，绘制吸光度 A 对铁离子浓度 c 的标准曲线，进而测定未知试样中的铁离子浓度。

【仪器与试剂】

1. 仪器

TU1810 型紫外-可见分光光度计，石英比色皿，容量瓶，吸量管。

2. 试剂

100 μg·mL^{-1} 铁标准溶液[准确称取 0.8634 g $NH_4Fe(SO_4)_2$·12H_2O 置于烧杯中，用 20 mL 6 mol·L^{-1} HCl 溶液和少量去离子水溶解，将其定量转移到 1 L 容量瓶中，用去离子水稀释至刻度，摇匀]，100 g·L^{-1} 盐酸羟胺溶液，1.5 g·L^{-1} 邻二氮菲溶液，6 mol·L^{-1} 盐酸溶液，1 mol·L^{-1} 乙酸钠溶液，未知试样。

【实验步骤】

1. 标准曲线的绘制

在 6 个 50 mL 容量瓶中分别加入 0.00 mL、2.00 mL、4.00 mL、6.00 mL、8.00 mL、10.00 mL 10 μg·mL^{-1} 铁标准溶液，然后各加入 1 mL 盐酸羟胺溶液，摇匀。加 2 mL 邻二氮菲溶液、5 mL 乙酸钠溶液，摇匀。用去离子水稀释至刻度，摇匀，静置 10 min。用 1 cm 比色皿，以空白试剂为参比溶液，在所选择的波长下测量各溶液的吸光度。在表 6.5 中记录数据，以铁离子浓度为横坐标、吸光度 A 为纵坐标，绘制标准曲线。

2. 未知试样中铁离子含量的测定

准确移取 5.00 mL 未知试样于 50 mL 容量瓶中，加入 1 mL 盐酸羟胺溶液，摇匀。加 2 mL 邻二氮菲溶液、5 mL 乙酸钠溶液，摇匀。用去离子水稀释至刻度，摇匀，静置 10 min。以空白试剂(0.00 mL 铁标准溶液)为参比溶液，测量吸光度。平行测定 3 次，在表 6.6 中记录数据，根据标准曲线求出未知试样中铁离子的含量(μg·mL^{-1})。

【数据处理】

表 6.5　标准曲线的绘制

编号	1	2	3	4	5	6
铁离子浓度/($\mu g \cdot mL^{-1}$)						
吸光度 A						

表 6.6　未知试样中铁离子含量的测定

编号	1	2	3
吸光度			
铁离子含量/($\mu g \cdot mL^{-1}$)			

【思考题】

(1) 邻二氮菲作为显色剂分光光度法测定铁离子的显色原理是什么？

(2) 如何用邻二氮菲分光光度法测定水样品中 Fe^{2+} 的含量？

实验 33　紫外-可见分光光度法测定 $KMnO_4$ 浓度

【实验目的】

(1) 了解分光光度计的基本构造和使用方法。

(2) 掌握用分光光度计进行定性和定量分析的方法。

【实验原理】

1. 定性分析

由于不同的物质具有不同的分子结构，因此不同的物质具有其特征的紫外-可见吸收光谱。以波长为横坐标、溶液的吸光度为纵坐标得到的曲线称为吸收曲线，它反映了物质对不同波长的光的吸收情况。最大吸光度对应的横坐标称为最大吸收波长(λ_{max})。溶液浓度不同，吸收曲线的形状不变，λ_{max} 不变，但吸光度改变。由此得出吸收曲线的形状只与物质本身有关，与物质的浓度无关。

2. 定量分析

朗伯-比尔定律：当一束单色光通过含有吸光物质的溶液后，溶液的吸光度与吸光物质的浓度和液层厚度成正比。这是分光光度法进行定量分析的理论基础。

$$A = \varepsilon bc$$

式中：A 为吸光度；ε 为摩尔吸光系数；b 为液层厚度，cm；c 为溶液浓度，$mol \cdot L^{-1}$。

当液层厚度 b 一定时，吸光度正比于溶液浓度，因此可采用标准曲线法对待测物质进行定量分析。

【仪器与试剂】

1. 仪器

UV1810 型紫外-可见分光光度计，石英比色皿，吸量管，容量瓶，烧杯，洗瓶。

2. 试剂

$0.02\ mol\cdot L^{-1}\ KMnO_4$ 标准溶液(称取 3.2 g $KMnO_4$ 固体置于烧杯中，用去离子水溶解，在容量瓶中用去离子水定容至 1000 mL)，未知浓度的 $KMnO_4$ 溶液样品。

【实验步骤】

1. 吸收曲线的绘制

准确吸取 0.30 mL $0.02\ mol\cdot L^{-1}\ KMnO_4$ 标准溶液于 25 mL 容量瓶中，用去离子水稀释至刻度，摇匀。以去离子水为参比溶液，在 500~550 nm 每隔 5 nm 测定吸光度。在表 6.7 中记录实验数据，以波长(λ)为横坐标、相应的吸光度(A)为纵坐标绘制吸收曲线，并由吸收曲线找出最大吸收波长(λ_{max})。

2. 标准曲线的绘制

在 5 个 25 mL 容量瓶中分别加入 0.20 mL、0.25 mL、0.30 mL、0.35 mL、0.40 mL $0.02\ mol\cdot L^{-1}\ KMnO_4$ 标准溶液，用去离子水稀释至刻度，摇匀。在 530 nm 最大波长下，以去离子水为参比溶液，测定溶液的吸光度。在表 6.8 中记录实验数据，以 $KMnO_4$ 浓度为横坐标、相应的吸光度为纵坐标绘制标准曲线。

3. 未知试液中 $KMnO_4$ 浓度的测定

在 530 nm 最大波长下，以去离子水为参比溶液，测定未知浓度的 $KMnO_4$ 溶液的吸光度。根据标准曲线求出未知溶液中 $KMnO_4$ 的浓度($mol\cdot L^{-1}$)。

【数据处理】

表 6.7 吸收曲线的绘制

波长 λ/nm	500	505	510	515	520	525	530	535	540	545	550
吸光度 A											

表 6.8　标准曲线的绘制

编号	1	2	3	4	5
V_{KMnO_4} /mL	0.20	0.25	0.30	0.35	0.40
c_{KMnO_4} /($\times 10^{-4}$ mol·L^{-1})	1.60	2.00	2.40	2.80	3.20
A					

【思考题】

(1) 试说明吸收曲线与标准曲线的区别及其在光度分析中的作用。

(2) 本实验中如何得到未知试液中 $KMnO_4$ 的浓度？

实验 34　紫外-可见分光光度法测定牛血清白蛋白含量

【实验目的】

(1) 学习紫外分光光度法测定牛血清白蛋白(BSA)含量的原理。
(2) 掌握紫外分光光度法测定 BSA 含量的实验技术。
(3) 掌握 TU1810 紫外-可见分光光度计的使用方法。

【实验原理】

考马斯蓝染色法又称布拉德福德(Bradford)法，是布拉德福德于 1976 年建立的一种蛋白质浓度的测定方法。考马斯亮蓝 G250 在游离状态下呈红色，其所含疏水基团在酸性条件下与蛋白质的疏水微区具有亲和力，通过疏水作用与蛋白质相结合，形成的蓝色蛋白质染料复合物在 595 nm 处有最大吸收。在一定的蛋白质浓度范围内，蓝色蛋白质染料复合物在 595 nm 处的吸光度与蛋白质含量成正比，因此可用于蛋白质含量的测定。

【仪器与试剂】

1. 仪器

分析天平，TU1810 分光光度计，具塞比色管。

2. 试剂

1 mg·mL^{-1} BSA 标准储备液，0.1 mg·mL^{-1} BSA 标准溶液，0.01%考马斯亮蓝 G250 溶液[称取 0.01 g 考马斯亮蓝 G250 溶于 5 mL 90%乙醇中，加入 10 mL 85%(m/V)磷酸，最后用去离子水定容至 100 mL，将定容的溶液过滤并装入棕色试剂瓶中保存]，实际样品溶液(准确量取 2.0 mL 纯牛奶，用去离子水稀释 500 倍待用)。

【实验步骤】

1. 考马斯亮蓝蛋白质复合物吸收曲线的制作

在 2 支比色管中分别加入 0.00 mL、0.30 mL BSA 标准储备液,加入 5.00 mL 考马斯亮蓝溶液,用去离子水定容至刻度,将比色管中溶液摇匀,静置 5 min。以空白试剂为参比溶液扫描基线,扫描染料和蛋白质复合物的吸收曲线,记录最大吸收波长和相应的吸光度,并计算吸光系数(蛋白质浓度以 $g \cdot L^{-1}$ 为单位)。

2. 标准曲线的制作

在 6 支比色管中分别加入 0.00 mL、0.10 mL、0.20 mL、0.30 mL、0.40 mL、0.50 mL 0.1 $mg \cdot mL^{-1}$ BSA 标准溶液,然后各加入 5.00 mL 考马斯亮蓝溶液,用去离子水稀释至刻度,盖塞后倒转混匀,室温静置 5 min。以空白试剂为参比溶液,在测得的最大吸收波长处测定吸光度。在表 6.9 中记录数据,以蛋白质浓度($\mu g \cdot mL^{-1}$)为横坐标、吸光度为纵坐标绘制标准曲线。用 Excel 软件处理实验数据,得到线性方程和线性相关系数。

3. 实际样品中蛋白质含量的测定

在 3 支比色管中分别加入 1 mL 实际样品溶液和 5 mL 考马斯亮蓝溶液,用去离子水稀释至刻度,混匀,室温静置 5 min。测定方法同上,由实际样品溶液的吸光度查标准曲线或线性方程即可求出蛋白质含量。平行测定 3 次,计算实际样品中蛋白质的平均浓度($g \cdot 100\ mL^{-1}$)和测量的相对标准偏差。

【数据处理】

根据表 6.9 的数据绘制标准曲线,用 Excel 软件处理数据并求出线性方程和相关系数。

表 6.9 标准曲线的制作

编号	1	2	3	4	5	6
$c_{BSA}/(\mu g \cdot mL^{-1})$						
A						

求出实际样品溶液中的蛋白质浓度,计算相对标准偏差。

【注意事项】

(1) 最好在试剂加入后的 5~20 min 测定吸光度,测量应在 1 h 内完成,因为这段时间内颜色是最稳定的。

(2) 在测量过程中，由于染料颜色较深，蛋白质染料复合物会有少量吸附于比色管壁上，不可使用石英比色皿(因不易洗去染色)。可用塑料或玻璃比色皿，实验结束后立即用少量 95%乙醇洗涤，再用去离子水冲洗干净。

【思考题】

(1) 什么是朗伯-比尔定律？如何利用朗伯-比尔定律进行定量分析？
(2) 什么是参比溶液？如何选择合适的参比溶液？

实验 35　紫外-可见分光光度法测定维生素 C 片中维生素 C 含量

【实验目的】

(1) 了解紫外分光光度计的结构及其工作原理。
(2) 掌握 TU1810 紫外-可见分光光度计的使用方法。
(3) 掌握紫外分光光度法测定维生素 C 片中维生素 C 含量的原理。

【实验原理】

维生素 C 的结构类似葡萄糖，是一种多羟基化合物，其分子中 2 位及 3 位上两个相邻的烯醇式羟基极易解离而释放出 H^+，具有酸的性质，故又称抗坏血酸。维生素 C 属水溶性维生素，分子式为 $C_6H_8O_6$。维生素 C 易溶于水，微溶于乙醇，不溶于氯仿、乙醚。其分子结构中有共轭双键，故在紫外光区有较强的吸收。维生素 C 在稀盐酸溶液中，在最大吸收波长处的吸光度与维生素 C 的浓度成正比，符合朗伯-比尔定律：

$$A = \varepsilon b c$$

式中：A 为吸光度；ε 为摩尔吸光系数；b 为液层厚度，cm；c 为溶液浓度，$mol \cdot L^{-1}$。

【仪器与试剂】

1. 仪器

分析天平，研钵，容量瓶，移液管，烧杯，TU1810 分光光度计。

2. 试剂

维生素 C 标准品，维生素 C 片(每片含维生素 C 100 mg)，冰醋酸。

【实验步骤】

1. 维生素 C 标准储备液的配制

准确称取 0.0132 g 维生素 C 标准品置于 100 mL 烧杯中,利用超声波溶解后定容于 500 mL 容量瓶中,摇匀,配成浓度为 1.5×10^{-4} mol·L^{-1} 的标准储备液。

2. 维生素 C 标准溶液的配制

分别移取上述标准储备液 1.00 mL、2.00 mL、4.00 mL、8.00 mL、16.00 mL 于 50 mL 容量瓶中,用去离子水定容。

3. 标准曲线的制作

以去离子水为参比溶液,在 220~320 nm 扫描维生素 C 的吸收曲线,并记录最大吸收波长(λ_{max})。然后以去离子水为参比溶液,在测得的最大吸收波长处测定上述维生素 C 标准溶液的吸光度,并绘制标准曲线。

4. 样品中维生素 C 含量的测定

取 3 粒维生素 C 片研细,准确称取 0.0200 g 于 100 mL 烧杯中,用去离子水稀释至 500 mL。然后准确移取该溶液 5.00 mL 于 50 mL 容量瓶中,定容。在最大吸收波长处测定吸光度。

【数据处理】

(1) 绘制吸收曲线,记录最大吸收波长。
(2) 以维生素 C 标准溶液浓度为横坐标、相应的吸光度为纵坐标,绘制标准曲线。
(3) 计算维生素 C 片中维生素 C 的含量。

【注意事项】

(1) 维生素 C 溶液必须现配现用,并滴加几滴冰醋酸,因为维生素 C 会缓慢氧化成脱氢抗坏血酸。
(2) 必须使用石英比色皿。

【思考题】

(1) 维生素 C 结构中有哪些生色团、哪些助色团?
(2) 在紫外光区有吸收的有机物一般具有哪些结构特征?

实验 36　紫外-可见分光光度法测定亚甲基蓝浓度

【实验目的】

(1) 掌握紫外分光光度计的使用方法。
(2) 掌握测绘吸收曲线的方法。
(3) 学会利用紫外分光光度法测定未知样品的浓度。

【实验原理】

亚甲基蓝(methylene blue，MB)属于噻嗪类染料，最早用于治疗细菌性痢疾，之后也经常应用于治疗癌症、细菌和病毒感染以及中枢神经疾病等。高浓度亚甲基蓝会使动物中毒并导致死亡，因此需要对亚甲基蓝进行检测。亚甲基蓝溶液在 665 nm 处有最大吸收，利用此性质绘制亚甲基蓝的标准曲线，并测定未知亚甲基蓝溶液的浓度。

【仪器与试剂】

1. 仪器

TU1810 分光光度计。

2. 试剂

25 $\mu g \cdot mL^{-1}$ 亚甲基蓝溶液，未知浓度的亚甲基蓝溶液。

【实验步骤】

1. 亚甲基蓝标准溶液的配制

将 25 $\mu g \cdot mL^{-1}$ 亚甲基蓝溶液分别于 25 mL 容量瓶中稀释，配制成浓度分别为 1 $\mu g \cdot mL^{-1}$、2 $\mu g \cdot mL^{-1}$、3 $\mu g \cdot mL^{-1}$、4 $\mu g \cdot mL^{-1}$、5 $\mu g \cdot mL^{-1}$ 的系列标准溶液。

2. 标准曲线的制作

以去离子水为参比溶液，在 665 nm 处分别测定亚甲基蓝系列标准溶液的吸光度，将数据记录在表 6.10 中，并绘制标准曲线。

3. 亚甲基蓝未知液浓度的测定

以去离子水为参比溶液，在 665 nm 处测定亚甲基蓝未知液的吸光度。

【数据处理】

(1) 绘制亚甲基蓝溶液的标准曲线,得到线性拟合的线性方程。

表 6.10　标准曲线的绘制

亚甲基蓝浓度 $c/(\mu g \cdot mL^{-1})$	1	2	3	4	5
吸光度 A					

(2) 亚甲基蓝未知液的吸光度 $A_x =$ _____,根据上述线性方程计算该未知液的浓度 $c_x =$ _____ $\mu g \cdot mL^{-1}$。

【思考题】

(1) 该实验中测量亚甲基蓝溶液浓度的检测限是多少?
(2) 亚甲基蓝溶液的最大吸收波长是多少?

实验 37　紫外分光光度法测定苯甲酸含量

【实验目的】

(1) 掌握 TU1810 紫外分光光度计的使用方法。
(2) 学会运用标准对比法计算实际样品的含量。

【实验原理】

在碱性环境下,苯甲酸形成苯甲酸盐后,对紫外光有选择性吸收,其在 225 nm 处出现最大吸收。因此,可以利用紫外分光光度计测定苯甲酸盐在紫外光区的吸收曲线,并进行定量分析。

【仪器与试剂】

1. 仪器

容量瓶,吸量管,TU1810 分光光度计。

2. 试剂

0.1 mg $\cdot$ mL^{-1} 苯甲酸标准储备液,0.01 mol $\cdot$ L^{-1} NaOH 溶液,样品液。

【实验步骤】

1. 苯甲酸标准溶液和样品液的配制

准确移取 4.00 mL 苯甲酸标准储备液置于 50 mL 容量瓶中,再用 $0.01\ mol\cdot L^{-1}$ NaOH 溶液定容,得到苯甲酸标准溶液($8\ \mu g\cdot mL^{-1}$)。

准确移取 10.00 mL 样品液置于 50 mL 容量瓶中,再用 $0.01\ mol\cdot L^{-1}$ NaOH 溶液定容,得到稀释的样品液。

2. 吸收曲线的绘制

以 $0.01\ mol\cdot L^{-1}$ NaOH 溶液为参比溶液,测量波长分别为 210 nm、215 nm、218 nm、220 nm、222 nm、224 nm、225 nm、226 nm、228 nm、230 nm、235 nm、240 nm 下苯甲酸标准溶液的吸光度。在表 6.11 中记录数据,然后以波长为横坐标、吸光度为纵坐标绘制苯甲酸的吸收曲线,找出最大吸收波长。

3. 样品液中苯甲酸含量的测定

以 $0.01\ mol\cdot L^{-1}$ NaOH 溶液为参比溶液,在最大吸收波长下,分别测定苯甲酸标准溶液和样品液的吸光度,在表 6.12 中记录数据。

【数据处理】

表 6.11 苯甲酸吸收曲线的绘制

λ/nm	210	215	218	220	222	224	225	226	228	230	235	240
A												

表 6.12 样品液中苯甲酸含量的测定

A_s	A_x	c_s/($\mu g\cdot mL^{-1}$)	c_x/($\mu g\cdot mL^{-1}$)

由以下公式计算样品液中苯甲酸的浓度:

$$c_x = \frac{A_x}{A_s} \times c_s \times \frac{50}{10} = \frac{A_x}{A_s} \times 8 \times 5$$

式中:c_x 为样品液中苯甲酸的浓度,$\mu g\cdot mL^{-1}$;c_s 为苯甲酸标准溶液的浓度,$8\ \mu g\cdot mL^{-1}$;A_x 为样品液的吸光度;A_s 为苯甲酸标准溶液的吸光度。

【思考题】

(1) 如何用标准对比法计算实际样品中待测物质的含量？

(2) 本实验选什么作为参比溶液？依据是什么？

实验 38　紫外-可见分光光度法测定自来水中钾离子含量

【实验目的】

(1) 学习紫外-可见分光光度计的使用。

(2) 掌握 13 nm 金溶胶的制备。

(3) 掌握该方法检测钾离子的实验原理。

【实验原理】

比色法不需要专门的仪器，能被肉眼直接观察，因而被普遍使用。目前，适配子功能化金纳米粒子比色法非常流行。一方面，由于金纳米粒子具有高吸光系数，金纳米粒子之间的距离依赖其光学性能，因此金纳米粒子的颜色受粒子的稳定性以及粒子间的距离影响。分散的金纳米粒子呈现酒红色，而聚集的金纳米粒子显蓝紫色。另一方面，相对于抗体来说，适配子作为识别元素具有高亲和力和对目标物的特异性。

单链的 DNA 能够吸附在金纳米粒子上，由于带有磷酸根骨架的 DNA 和表面有柠檬酸根的金纳米粒子都带负电，因此 DNA 和金纳米粒子相互排斥，金纳米粒子处于稳定的分散状态，此时溶液为酒红色。当目标物钾离子存在时，DNA 从金纳米粒子表面脱附，DNA 通过丰富的 G 碱基与钾离子结合形成 G-四分体，导致金纳米粒子在高浓度的 NaCl 溶液中团聚出现蓝紫色，从而导致吸光度不断减小，如图 6.2 所示。

【仪器与试剂】

1. 仪器

移液枪，磁力搅拌器，加热套，吸量管，比色皿，TU1810 分光光度计。

2. 试剂

100 μmol·L^{-1} DNA(5′-TTTGGTTGGTGTGGTTGGTTT-3′)，1% $HAuCl_4$ 溶液，1%柠檬酸钠溶液，4.8 mol·L^{-1} NaCl 溶液，1 mmol·L^{-1}、3 mmol·L^{-1}、5 mmol·L^{-1}、7 mmol·L^{-1}、9 mmol·L^{-1}、10 mmol·L^{-1} KCl 溶液。

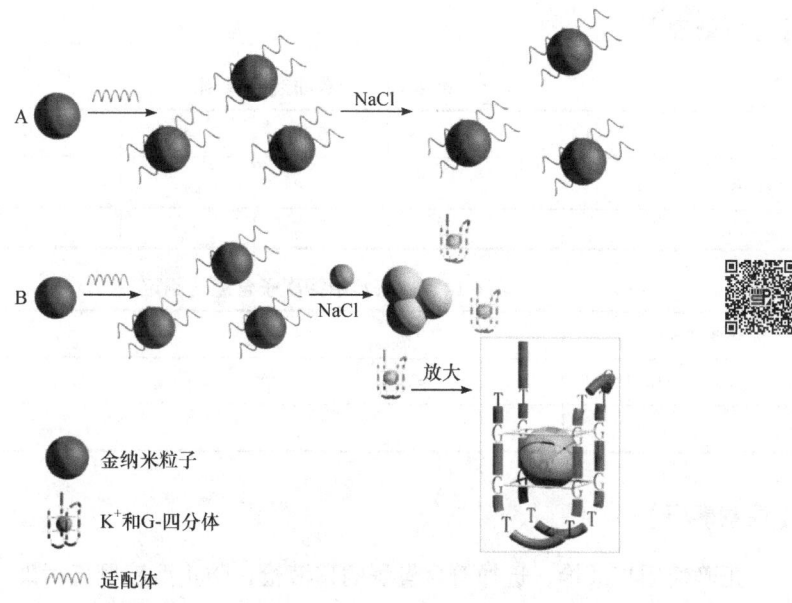

图 6.2 金纳米粒子测定钾离子原理示意图

【实验步骤】

1. 纳米金溶胶的制备

取 1 mL 1% $HAuCl_4$ 溶液,加入 99 mL 去离子水,加热至沸腾,迅速向其中加入 5 mL 1%柠檬酸钠溶液,剧烈搅拌,溶液颜色由无色逐渐变为红色。继续加热 15 min 后停止加热,并继续搅拌至室温,得到 13 nm 金溶胶。

2. 标准曲线的制作

将 1.2 μL 100 μmol·L^{-1} DNA 加入装有 1200 μL 10 nmol·L^{-1} 金溶胶的 1.5 mL 比色皿中,孵化 10 min。加入 10 μL 4.8 mol·L^{-1} NaCl 溶液,孵化 5 min。然后分别加入 1 μL 1 mmol·L^{-1}、3 mmol·L^{-1}、5 mmol·L^{-1}、7 mmol·L^{-1}、9 mmol·L^{-1}、10 mmol·L^{-1} KCl 溶液,孵化 5 min。以去离子水为参比溶液,在 520 nm 处分别测定钾离子标准溶液的吸光度,在表 6.13 中记录数据,并绘制标准曲线。

3. 自来水中钾离子含量的测定

取实验室自来水样,用去离子水足够稀释。采用加标的方式,向上述溶液中分别加入 1 μL 3 mmol·L^{-1}、7 mmol·L^{-1}、10 mmol·L^{-1} KCl 溶液,孵化 5 min。然后以去离子水为参比溶液,在 520 nm 处测定上述加标溶液的吸光度。根据标准曲线的线性方程计算钾离子浓度和回收率,在表 6.14 中记录数据。

【数据处理】

表 6.13　标准曲线的绘制

编号	1	2	3	4	5	6
c_{K^+}/(mol·L^{-1})						
A						

表 6.14　自来水中钾离子含量的测定

加标浓度/(mol·L^{-1})	
实际样品浓度/(mol·L^{-1})	
回收率/%	

【注意事项】

正确使用移液枪，选择符合量程的移液枪，防止溶液倒流污染。

【思考题】

(1) 比色法检测的优点是什么？
(2) 如何计算钾离子的回收率？

参 考 文 献

北京大学化学与分子工程学院分析化学教学组. 2010. 基础分析化学实验. 3 版. 北京: 北京大学出版社.
陈焕光, 李焕然, 张大经, 等. 1998. 分析化学实验. 2 版. 广州: 中山大学出版社.
段文军, 游文玮. 2007. 分析化学实验教程. 广州: 第四军医大学出版社.
贺传正, 姜汉硕, 贾铁军. 1984. 氧化还原连续滴定的理论研究. 辽宁大学学报(自然科学版), 2: 60-69.
华中师范大学, 东北师范大学, 陕西师范大学, 等. 2015. 分析化学实验. 4 版. 北京: 高等教育出版社.
季桂娟, 齐菊锐, 郑克岩, 等. 2017. 分析化学实验. 北京: 高等教育出版社.
贾香, 邓慧兰, 田晓照. 2017. 氧化还原滴定法测定含铁钢渣中氧化亚铁含量. 化学分析计量, 26(2): 89-91.
刘天煦. 1993. 化工产品标准中滴定测试方法的设计初步(七): 氧化还原滴定法(1). 化工标准化与质量监督, 7: 29-33.
芦文红, 张怀中. 2004. 浅析石灰的试验分析. 河南科技, 8: 38-39.
彭崇慧, 冯建章, 张锡瑜, 等. 1997. 定量化学分析简明教程. 2 版. 北京: 北京大学出版社.
塞缪尔·考夫曼, 哈沃得·迪弗, 仝克勤. 1990. 氧化还原滴定法测铁. 河南科技大学学报(农学版), 3: 129-130, 24.
首都师范大学化学实验教学中心. 2017. 化学综合实验. 北京: 科学出版社.
王骋. 2015. 氧化还原滴定法测定加碘盐中的碘含量方法探讨. 中国盐业, 243(24): 42-44.
武汉大学. 2011. 分析化学实验(上册). 5 版. 北京: 高等教育出版社.
武汉大学. 2010. 分析化学(上册). 5 版. 北京: 高等教育出版社.
谢婷. 2005. 氧化还原滴定法教学中的现场教学艺术. 长春理工大学学报(高教版), 5(2): 95-96.
徐莉英. 2004. 无机及分析化学实验. 上海: 上海交通大学出版社.
张云, 许圆, 江勇, 等. 2002. 同时求出滴定剂与被滴定物质浓度的氧化还原滴定计算分析法. 分析化学, 30(12): 1448-1450.